Estructura de Argumento

Secretos de los Mejores Debatientes del Mundo - Domine la Estructura de los Argumentos

© **Copyright 2019**

Todos los derechos reservados. Ninguna parte de este libro puede ser reproducida de ninguna forma sin el permiso escrito del autor. Los reseñantes pueden citar pasajes breves en los comentarios.

Cláusula de exención de responsabilidad: Ninguna parte de esta publicación puede reproducirse o transmitirse de ninguna forma ni por ningún medio, mecánico o electrónico, incluidas fotocopias o grabaciones, ni por ningún sistema de almacenamiento y recuperación de información, ni transmitirse por correo electrónico sin la autorización escrita del editor.

Si bien se han realizado todos los intentos para verificar la información provista en esta publicación, ni el autor ni el editor asumen ninguna responsabilidad por los errores, omisiones o interpretaciones contrarias del contenido aquí presente.

Este libro es solo para fines de entretenimiento. Las opiniones expresadas son solo del autor y no deben tomarse como instrucciones u órdenes de expertos. El lector es responsable de sus propias acciones.

El cumplimiento de todas las leyes y normativas aplicables, incluidas las leyes internacionales, federales, estatales y locales que rigen las licencias profesionales, las prácticas comerciales, la publicidad y todos los demás aspectos de realizar negocios en los EE. UU., Canadá, el Reino Unido o cualquier otra jurisdicción es de exclusiva responsabilidad del comprador o lector

Ni el autor ni el editor asumen ninguna responsabilidad u obligación alguna en nombre del comprador o lector de estos materiales. Cualquier desaire percibido de cualquier individuo u organización es puramente involuntario.

Índice

INTRODUCCIÓN 1

CAPÍTULO 1: COMIENCE CON FUERZA 2

CAPÍTULO 2: ORGANIZANDO SUS IDEAS 8

CAPÍTULO 3: CONCLUSIONES CONVINCENTES 18

CAPÍTULO 4: ¡CUIDE SU LENGUAJE! 24

CAPÍTULO 5: DOMINAR EL ARTE DE LA ANALOGÍA 29

CAPÍTULO 6: CARGA DE PRUEBA: CONVENCERLOS DE QUE TIENE RAZÓN 34

CAPÍTULO 7: EL ARTE DE LA DEDUCCIÓN (Y LA INDUCCIÓN) 45

CAPÍTULO 8: ¡SOFISTERÍA! IDENTIFICANDO FALACIAS LÓGICAS 50

CAPÍTULO 9: ARGUMENTOS ORALES 59

CAPÍTULO 10: ESCRIBIR UN ENSAYO ARGUMENTATIVO 64

CONCLUSIÓN 71

Introducción

La argumentación no se trata solo de ser el más fuerte o el más correcto; se trata de la autopresentación y el arte de la lógica. Ya sea que esté en un discurso y debate competitivo, se encuentre en busca de una manera de defender sus creencias, o simplemente preparándose para la infame Cena de Acción de Gracias con el Tío Joe, este libro lo ayudará a convertirse en un maestro de la argumentación.

Los siguientes capítulos hablarán sobre cómo estructurar su argumento desde la premisa hasta la conclusión. Aprenderá cómo elegir ejemplos y analogías, cómo respaldar sus reclamos con las autoridades de su tema y cómo usar e interpretar los datos para ayudarlo a presentar su caso. Veremos cómo identificar y evitar las falacias lógicas y terminar con dos capítulos sobre argumentos orales y escritos.

Hay muchos libros sobre este tema en el mercado, ¡así que gracias por elegir este! Se pusieron todos los esfuerzos para garantizar que esté lleno de la mayor cantidad de información útil posible.

¡Disfrútelo!

Capítulo 1: Comience con Fuerza

La parte más difícil de comenzar algo es descubrir dónde es mejor comenzar. Podríamos tener una vaga idea de que un argumento debería comenzar con una premisa, pero ¿cómo seleccionamos las premisas y cómo las establecemos sin comenzar otro argumento?

Premisas

Las premisas forman la base de cada parte de su argumento, por lo que desea que sean claras y simples. La verdad de la premisa justificará sus siguientes argumentos, por lo que también desea que sean evidentes o, al menos, que sean algo que usted *y* su oponente no cuestionarán. Es importante recordar que nunca puede ganar una discusión en la que usted y su oponente no estén de acuerdo con ciertas premisas. Entonces, ¿cómo encontramos la premisa de nuestro argumento?

Lo más probable es que usted ya sepa la conclusión de su argumento, o de lo contrario probablemente no estaría discutiendo en primer lugar. La conclusión es lo que quiere obtener o probar. Tal vez quiera que su jefe le dé un aumento de sueldo, o que quiera demostrarle a un amigo que un candidato político en particular es inmoral o destructivo. Porque conocemos muy bien nuestra conclusión y porque nos apasiona, a menudo cometemos el error de comenzar con la conclusión y tratar de argumentar hacia atrás.

Si bien esto nos da un comienzo fácil, e incluso podría comenzar una conversación animada, no es probable que convenza a su oponente, porque todo lo que tiene que hacer es contradecirlo con su propia conclusión. Recuerde, son tan apasionados con sus ideas como usted con las suyas, y no se rendirán fácilmente. Si comienza a contradecir a los demás de inmediato, la conversación se convertirá en una disputa que no es mucho más sofisticada que una repetición continua de "¡No lo es!" "¡Es demasiado!"

El científico Blaise Pascal dio dos reglas para los axiomas (que son una especie de premisa) en su ensayo "El Arte de la Persuasión":

1. No omitir ningún principio necesario sin preguntar si está admitido, por muy claro y evidente que sea.

2. No exigir, en axiomas, nada que no sean cosas que son perfectamente evidentes en sí mismas.

En el inglés moderno, podríamos decir que no debemos asumir que algo no necesita ser probado. Este no es un ejercicio de escepticismo, sino una búsqueda de puntos fundamentales en los que usted y su oponente están de acuerdo. Es posible que usted y su jefe no estén de acuerdo en que debe obtener un aumento de sueldo, pero podría estar de acuerdo con usted en que usted trabaja duro. Si no está de acuerdo en que trabaja duro, podría estar de acuerdo en que trabaja horas extra o que ha tenido éxito en varios proyectos recientes. Si su jefe acepta que usted es un trabajador duro, póngalo en la posición incómoda de darle el aumento de sueldo que desea o de tratar de argumentar por qué un buen empleado que trabaja duro no debería obtener un aumento.

Para encontrar su premisa, tome su conocimiento de lo que quiere probar y piense hacia atrás. ¿Qué es lo fundamental para su conclusión que creen tanto usted como su oponente? Palabras como *para, desde,* y *porque* te indicarán que podrías haber encontrado una premisa. Un ejemplo simple se puede hallar en esta verdad clásica:

Todos los hombres son mortales. Sócrates es un hombre. Por lo tanto, Sócrates es mortal.

Esta afirmación tiene dos premisas:

1. Todos los hombres son mortales.

2. Sócrates es un hombre.

Si admitimos que todos los hombres son mortales y que Sócrates es un hombre, lógicamente debemos concluir que Sócrates es mortal.

Digamos que quiere argumentar que la pena de muerte debe ser abolida porque muchas personas son condenadas a muerte por la policía y los fiscales por trabajo descuidado, no porque sean culpables. Esta afirmación tiene una premisa:

1. Muchas personas son condenadas a muerte por la policía y los fiscales a causa de errores y trabajos descuidados.

Si usted y su oponente acuerdan que la policía y los fiscales a menudo son descuidados y fatalmente falibles, entonces puede continuar su debate sobre si esta falibilidad o descuido justifica la eliminación de la pena de muerte. Si no piensa que la policía o los fiscales son descuidados, su argumento no significará nada para su oponente porque no acepta la premisa de ello.

Si esto sucede, es posible que necesite volver más lejos, con unas premisas más simples:

Premisa: muchas personas han sido liberadas de todos los cargos *después* de su ejecución

Conclusión: los fiscales y la policía son descuidados o falibles.

Para un argumento extendido (que veremos en profundidad más adelante), una conclusión se convertirá en la premisa para el siguiente paso.

Premisa: los fiscales y la policía son descuidados o falibles.

Conclusión: la pena de muerte debe ser abolida.

Si todavía tiene problemas para identificar las premisas por usted mismo, está bien. Veremos mucho más a medida que seguimos aprendiendo a estructurar nuestros argumentos.

Definiciones

Otro elemento importante de comenzar un argumento es definir sus términos. Esto evita la confusión y desviarse al discutir sobre el significado de una palabra. También puede a veces socavar los argumentos de su oponente.

Algunas palabras significan cosas distintas para diferentes personas, por lo que puede ser esencial aclarar cualquier cosa que pueda ser ambigua. Incluso podría terminar el debate por completo: ¡A menudo me he quedado corto en medio de acalorados argumentos al darme cuenta de que mi oponente y yo estábamos de acuerdo! Solo estábamos usando palabras diferentes que el otro no entendía de la forma en que lo hacíamos.

Entonces, ¿qué términos deben definirse y cómo deben definirse?

1. Términos que son oscuros. Si usa lenguaje técnico, asegúrese de que todos sepan lo que quiere decir. Lo mismo con palabras desconocidas o palabras que podrían tener dos significados.

Inevitablemente, usted utiliza el lenguaje técnico en cualquier campo que domine. Si se involucra en un argumento particularmente complejo sobre ciencia, historia o filosofía, puede pasar mucho tiempo inmerso en libros y conferencias de expertos en esos campos. Cada una de estas disciplinas desarrolló un lenguaje preciso para hablar sobre sus áreas. Es su trabajo asegurarse de interpretar ese lenguaje si su oponente, o los que lo escuchan, no lo entienden. De lo contrario, su argumento no tendrá sentido para ellos.

Tenga cuidado con las palabras que pueden tener dos significados, como "diezmado". En lenguaje coloquial, diezmado significa lo mismo que destruir. Definido con precisión, sin embargo, significa "reducir en un 10%". Otros ejemplos de palabras con dos o más significados incluyen *libra, media* y *sello*. Sea claro sobre qué definición pretende utilizar.

2. Términos que son importantes para su argumento.

¿Alguna vez ha respondido a una pregunta como "¿le está yendo bien?" con "¿depende de lo que quiere decir con" bien"? Si es así, entonces ya ha utilizado esta técnica.

Definir términos importantes agregará una inmensa claridad a sus argumentos y evitará que quede atrapado en sus propias palabras. Si fuera, por ejemplo, a argumentar que "la alquimia no es ciencia", sería imperativo definir qué quiso decir usted con *ciencia*. De lo contrario, podría encontrar a su oponente replicando que los alquimistas formulan hipótesis, realizan experimentos y registran sus resultados con precisión, por lo que deben ser científicos. Deberá retroceder a su definición en lugar de comenzar con ella y, al hacerlo, perderá el elemento del argumento.

La definición temprana de sus términos le da la ventaja de la claridad. Le impide discutir sin sentido y le da a su oponente la oportunidad de proponer definiciones alternativas que puede tener que contrarrestar para demostrar su punto.

Una vez que elija las definiciones, consérvelas y utilícelas de manera consistente. Incluso si no necesita definir una palabra para aclarar su argumento, use los mismos términos para las mismas ideas y objetos de principio a fin. Un ejemplo es la forma en que yo uso la palabra *argumento* en este libro. Estamos hablando de *argumento* como el método de usar una progresión de lógica para probar una conclusión. Sin embargo, alguien podría escuchar *argumento* y pensar en un combate de gritos u otro altercado verbal. Entonces, cuando digo que quiero enseñarle a discutir, debo tener claro que no quiero enseñarle cómo ganar un combate de gritos o mostrarle cómo intimidar o golpear verbalmente a su oponente. Quiero enseñarle cómo defender su punto de manera clara, tranquila y de una manera que invite a otras personas a ver su posición y estar de acuerdo con ella.

Definimos el *argumento* como el hacer una progresión lógica de ideas desde la premisa hasta la conclusión de una manera convincente. Si cambiara este concepto a mitad de este libro, tal vez cuando hablemos sobre qué lenguaje utilizar, y comience a decirle que no discuta con la gente, estaría confundido con razón.

Para recapitular, recuerde: lo que quiere probar es su conclusión. No comience su discusión con su conclusión, comience con la premisa: los fundamentos básicos de por qué cree en su conclusión. A medida que construye sus premisas, las palabras que necesita definir se presentarán a menudo de forma natural. Asegúrese de que sea claro y coherente en su lenguaje y que usted, su oponente y cualquiera que escuche, entiendan cómo se utilizará cualquier terminología técnica.

Capítulo 2: Organizando sus ideas

Ahora que tiene su premisa, puede establecer una prueba para sus conclusiones. Las pruebas proporcionan la base de su argumento, por lo que es importante que las estructure de manera que todos puedan seguirlas sin dar saltos en su razonamiento.

Nuestras premisas nos dieron algún tipo de terreno común con nuestro oponente: ahora quiere mostrar cómo y por qué piensa las cosas de una manera diferente. Esto requiere una progresión lógica; nunca asuma que su conclusión es evidente dadas las premisas.

Hechos y Premisas Necesarias

Proporcione cualquier hecho relevante esencial para su argumento. Estos hechos deben ser indiscutibles, o al menos no temas que deban ser discutidos con el propósito de su argumento. Piense en esto como un abogado que examina la evidencia de una escena del crimen. Sus datos deben tener dos propósitos: dar contexto y brindar apoyo a su posición una vez que los haya interpretado (hablaremos más sobre la interpretación de los hechos más adelante).

Sin embargo, solo porque estos sean hechos no significa que deban ser aburridos. Cuente una historia con la que un lector u oyente pueda participar. Parte de dar su declaración de hecho es conocer a su audiencia. ¿Qué es lo que ya saben sobre el contexto de su argumento? ¿Qué es lo que les importa?

Digamos que quería solicitar una subvención privada porque su expedición científica a la Antártida se estaba quedando sin dinero. Debería verificar y averiguar si la fundación ya está financiando la exploración e investigación Antártica.

Si no lo están, debe asumir que no saben nada sobre investigar cerca del Polo Sur y dedicar un poco de tiempo a informarles.

Premisa: es valioso financiar expediciones científicas y de investigación.

Creo esto porque soy un científico y necesito dinero. Creen esto porque se sabe que su fundación les da dinero a los científicos. Por lo tanto, tenemos algunas creencias comunes para comenzar.

Declaración de hecho: soy Jane Smith, PhD, y he estado estudiando pingüinos en la Antártida con mi equipo desde 2015. Ahora nos hemos quedado sin dinero y tendremos que irnos a casa si no podemos recaudar más fondos, pero no hemos terminado nuestra investigación.

Como probablemente habrá notado, esa declaración de hecho contiene toda la información relevante, pero no es muy interesante. Ahora, no quiere gastar demasiado tiempo solo para exponer hechos, pero quiere dar a su audiencia suficiente información para que sepan por qué deberían preocuparse por el argumento que va a presentar:

Mi equipo y yo llegamos a la Antártida en julio de 2015 con la misión de estudiar la colonia local de pingüinos. Durante los últimos tres años, los hemos seguido en sus viajes a sus terrenos de apareamiento, los hemos visto criar a sus pequeños y los hemos visto madurar y encontrar a sus propios compañeros. Se nos ha brindado una oportunidad sin precedentes de estudiar una colonia durante un período prolongado de tiempo, y esperamos estar aquí por lo menos un año más. Desafortunadamente, debido a reparaciones inesperadas requeridas por algunos de nuestros equipos después de la última tormenta de nieve, es posible que tengamos que interrumpir nuestra misión si no podemos recaudar más fondos.

Aunque esta afirmación de hecho toma un giro mucho más comprensivo, no he dicho nada que deba probarse (en este escenario hipotético). Ahora, mi audiencia tiene la información necesaria que requieren para comprender mi siguiente argumento: 12 razones por las que mi expedición de investigación de pingüinos debería obtener su subvención, y los he invitado a venir.

Es importante respaldar su declaración de hecho con la investigación adecuada para el tema. Algunas veces usted es el experto en la situación, como Jane Smith, PhD, es una experta en la situación financiera de su equipo. En otras ocasiones, es posible que deba citar autoridades históricas o estudios científicos. Hablaremos más sobre cómo elegirlos más tarde. Por ahora, recuerde que su declaración de hecho debe ser indiscutible y atractiva.

Progresión Lógica de las Ideas

Aquí es donde expondrá las razones de su conclusión. Dependiendo de la complejidad de su argumento, puede pasar rápidamente de la premisa a la conclusión, o puede que necesite ofrecer varias pruebas. Si la conclusión no continúa inmediatamente después de las premisas, deberá tomarse el tiempo para llenar los vacíos.

Cada párrafo o pensamiento debe seguir una estructura clara: la idea que desea tratar, la evidencia de su argumento y una demostración de la importancia de esa evidencia. Comience con la idea que quiere probar, ofrecida como una propuesta, no algo que ya haya concluido: "No sirve de nada cerrar la puerta del establo después de que los caballos se hayan ido". A continuación, presente evidencia relevante a esa propuesta: "Los caballos ya no están en el granero". Esto pueden ser hechos o datos, información de estudios o simplemente sus propias observaciones, dependiendo de la naturaleza del argumento. Termine mostrando por qué esta evidencia apoya su proposición:

"Debido a que los caballos están actualmente fuera del establo, cerrar la puerta no los mantendrá adentro".

Los escritores y los que debaten utilizan varios métodos diferentes de progresión para proporcionar una estructura para sus ideas. Por lo general, caen bajo *Orden de tiempo, Orden de importancia y Orden de especificidad*.

Orden de tiempo funciona mejor cuando se presenta una secuencia de eventos o pasos conectados en un proceso. "Primero sucedió A, luego B, luego C". Los historiadores usan esto cuando argumentan las razones por las que un comandante perdió una batalla o un rey perdió su trono. Por ejemplo, si quisiera probar que la Revolución francesa sucedió porque la gente se estaba muriendo de hambre, podría proceder de la siguiente manera:

1. A finales del siglo XVIII, la mayoría de los granos producidos por los agricultores franceses se exportaban, en lugar de quedárselos la gente.

2. Debido a que no tenían suficiente grano, la gente tenía hambre. El hambre y las revueltas de grano causaron malestar social.

3. Debido a que había disturbios, el gobierno tenía que implementar algún tipo de reforma política para restablecer el orden.

4. Para restablecer el orden, el rey Luis XVI llamó a los Estados Generales en 1789.

5. El Estado General quedó en un punto muerto y no pudo presentar una resolución a los problemas que dieron inicio a los disturbios.

6. La gente se rebeló, comenzando con el asalto de la Bastilla el 14 de julio de 1789.

Al usar esta progresión de eventos a lo largo del tiempo, puedo proporcionar un argumento convincente de que la hambruna propició el catalizador para la Revolución francesa.

Tenga cuidado al usar el orden de tiempo para proporcionar una prueba, ya que A no es necesariamente la causa de B solo porque sucedió antes: es decir, "Jim entró a la cocina y luego la estufa se incendió. Por lo tanto, la estufa empezó a arder porque Jim entró a la cocina". La secuencia de eventos debe estar claramente conectada entre sí.

Orden de importancia le permite clasificar una secuencia de ideas o pruebas. Hablando retóricamente, es más efectivo comenzar con lo menos importante y avanzar con seriedad o abrir con los argumentos que mejor apoyen su idea.

Escalando en importancia:

Estas ventanas deben tener cortinas. Las cortinas son estéticamente agradables. Las cortinas pueden vestir una habitación y no cuestan mucho, especialmente las de segunda mano. Además, nuestros vecinos entrometidos nos miran boquiabiertos todas las horas del día y de la noche, y las cortinas bloquearían su vista.

Bajando en importancia:

Debemos prohibir la caza de la lechuza madriguera; de lo contrario, se extinguirá por completo. Estos búhos son una parte crítica de su hábitat nativo. A los observadores de aves les gusta mirar a los búhos madrigueras. Además, los búhos madrigueras son extremadamente lindos.

Subiendo en importancia le permite aumentar la tensión y terminar con una volcada. La bajada de importancia atrae la atención de su audiencia rápidamente y puede permitirle colocar información más débil más adelante en el argumento cuando las personas prestan menos atención.

El orden de especificidad se utiliza para moverse entre lo general y lo específico. Decida si desea comenzar con pequeños detalles y expandirse a grandes ideas, o comenzar con grandes ideas antes de enfocarse en los detalles. Una gran idea sería una norma ética o una regla general, mientras que los detalles serían casos particulares. Construir y centrarse en ambos tiene sus méritos, y puede elegir entre ellos según su estilo y preferencias personales. Lo que hay que recordar cuando se usa el orden espacial es no saltar de un lado a otro entre grandes y pequeños. O comience con algo pequeño y hágalo más grande o empiece con lo grande y hágalo pequeño. Veremos más o la especificidad cuando hablemos de razonamiento deductivo e inductivo.

Todos estos métodos se aplican tanto a la construcción de un elemento de una prueba como a la construcción de todo el argumento. Cada argumento mayor se compone de una serie de argumentos cortos, a menudo con la conclusión de la última parte que forma las premisas y los supuestos de la siguiente. Este método de bloques de construcción mantendrá su lógica a prueba de agua.

Aquí hay un resumen de un argumento más largo para que pueda hacerse una idea de cómo se verá la progresión:

Cosa que debe comprobarse: los mensajes de texto mientras se conduce deben estar prohibidos porque es tan peligroso como conducir en estado de ebriedad.

Premisa: conducir en estado discapacitado es peligroso para el conductor y todos los demás en su vecindario.

Presente la conclusión como algo que debe demostrarse: si los mensajes de texto mientras se conduce producen efectos similares a los de la conducción en estado de ebriedad, debemos tratarla de manera similar.

Paso uno: proporcione una presentación de hechos sobre accidentes y muertes causadas por conducir en estado de ebriedad. Claramente, esto es peligroso. Presentar las leyes contra la conducción en estado de ebriedad.

Una forma útil de averiguar qué debería venir a continuación es hacerse la pregunta: "¿y qué?" o "¿qué tiene eso que ver con algo?"

Paso dos: proporcione una presentación similar de los hechos sobre accidentes y muertes causadas por mensajes de texto mientras conduce. Mencione que no se ha tratado de la misma manera que conducir ebrio, aunque también es peligroso.

¿Y qué?

Paso tres: cite estudios sobre los efectos de la multitarea por teléfono en el enfoque de un conductor y compare estos efectos con los efectos del alcohol. Ponga de relieve las similitudes.

Este proceso puede llevar varios párrafos, dependiendo de los detalles que quiera usar para su argumento. A medida que pase de cada párrafo al siguiente, deseará proporcionar una transición sin problemas. Un ensayo o argumento puede ser independiente, pero una parte de ese argumento debe estar conectado a las ideas anteriores y a las ideas que vendrán después.

Las transiciones requieren mucha práctica, pero si tiene en cuenta que desea conectar todas las partes de su argumento en un todo cohesivo y buscar siempre el siguiente paso lógico en la progresión de sus ideas, las transiciones deberían presentarse por sí solas. No deje a la gente colgada y preguntándose por qué llegó a una conclusión particular. No los deje preguntándose por qué desechó un pedazo de información tampoco. Un argumento no es algo con lo que trivializar al azar. Todo debe tener un propósito.

Organización Cuando Su Argumento Es una Respuesta

La forma en que organiza las ideas cambia dependiendo de si está creando su propia idea o directamente respondiendo a otra persona. La forma más fácil y efectiva de organizar una respuesta o refutación es seguir la secuencia del argumento de su oponente.

Como ejemplo, usaré un resumen básico de un debate que tuvo lugar en el Senado durante enero de 1830, entre Daniel Webster, el senador de Massachusetts, y Robert Hayne, el senador de Carolina del Sur. El Senado en este momento está debatiendo sobre quién debería tener poder sobre la venta de tierras públicas en el oeste a nuevos colonos: ¿los estados o el gobierno federal?

Hayne:

1. El gobierno federal vende tierras a los colonos a precios altos.

2. El gobierno que vende tierras a precios altos establece un acuerdo que está inmediatamente endeudado y el acuerdo no prospera. Los habitantes son explotados en busca de capital casi en la pobreza y casi en el olvido, como lo hizo Inglaterra con Irlanda (léase: no solo mal sino posiblemente inmoral).

3. Si el gobierno federal utiliza estas tierras públicas para recaudar impuestos, alimentará el descuido, la corrupción y la explotación de los estados a nivel federal.

4. La responsabilidad de la venta de terrenos públicos debe otorgarse a los estados para que el gobierno federal no pueda usarlos para controlar y explotar los estados para su propio beneficio.

Los cuatro discursos que conforman estos debates son bastante densos y pueden ser difíciles de seguir, considerando que la actitud y la gestión de las tierras públicas es muy diferente en la actualidad de lo que era hace casi ciento ochenta años. En lo que quiero centrarme es en la forma en que Webster, considerado uno de los mejores oradores y debatientes de Estados Unidos, sigue la organización de Hayne cuando construye su propia respuesta.

Webster:

1. El gobierno federal no está vendiendo tierras a precios altos por las razones mencionadas exactamente.

2. El gobierno federal no ha explotado a nadie y ciertamente no ha tratado a los colonos occidentales en absoluto como Inglaterra trató a Irlanda.

3. Si el gobierno federal utiliza estas tierras para obtener ingresos, no sobrepasaría sus límites constitucionales y los estados se beneficiarían.

4. La responsabilidad de la venta de tierras públicas debe permanecer en el gobierno federal para alentar la expansión estadounidense en el oeste.

Este método de refutación punto por punto es fácil de seguir y efectivo. Le permite asegurarse de que ha respondido todos los argumentos de su oponente por completo.

Tomando Ventaja de un Oponente Desorganizado

Si bien aún tendrá que presentar un buen argumento y construir su propia credibilidad, señalar que su oponente no tiene un argumento organizado puede ser una gran ventaja para usted.

Muchas personas discuten desde lo alto de su cabeza y no se toman el tiempo para pensar por qué creen las cosas que están diciendo. A menudo, intentarán argumentar repitiendo las frases que encontraron en Internet sobre sus temas favoritos. Estos argumentos son por naturaleza desorganizados, ya que están destinados a hacer que las personas que ya creen en determinadas cosas se sientan bien con sus creencias, y no para convencer a los demás con ningún tipo de argumento razonable. No tiene que ser agresivo para revelar los fallos y vacíos en su razonamiento, solo pida una progresión lógica en su argumento.

Si la información no parece estar relacionada con el tema en cuestión, pregunte: "¿qué tiene que ver K con E?" Por ejemplo: "¿qué tienen que ver los trabajadores de los yacimientos petrolíferos que aman a sus familias con la negativa a desarrollar energía limpia?" Su oponente podría tener una razón para conectar los dos, pero es probable que no lo hayan pensado.

Si parece que dieron un salto en el razonamiento, pregunte: "¿por qué A conduce necesariamente a F?" Puede efectivamente ubicar a alguien en una mala discusión simplemente pidiendo una aclaración. Por ejemplo: "¿por qué tener una posición pro-vida significa que alguien quiere que las mujeres sean esclavas o que estén muertas?"

Si parece que se están contradiciendo, señale la contradicción y pídales que la expliquen. "Me parece que no puede tener la idea A y la idea B al mismo tiempo. ¿Puede explicar su razonamiento?" Esto le da a su oponente la oportunidad de aclarar un malentendido (lo que evitará que el argumento se desintegre en un conflicto sin sentido) o revelará su propia inconsistencia, lo que crea problemas para su capacidad de probar su punto.

Ahora que hemos visto cómo iniciar un argumento y cómo organizar el cuerpo del argumento, podemos pasar a la parte más divertida: reunirlo todo para obtener una conclusión poderosa.

Capítulo 3: Conclusiones convincentes

Una buena conclusión presenta su argumento como algo probado más allá de toda duda razonable. También es lo último que puede decir en el curso de la discusión o el debate, por lo que desea dejarlo resonar en los oídos de su oyente.

Estructura Básica de las Conclusiones

Una conclusión debe atar todos los cabos sueltos en su argumento. Cuando llegue al final de su argumento, asegúrese de responder cualquier pregunta que haya planteado anteriormente en el argumento. Si está escribiendo un artículo, mire hacia atrás y vea si prometió el cierre de ciertos temas a su lector. Si plantea problemas, proporcione soluciones o razones convincentes por las que no puede proporcionar soluciones. No introduzca ninguna información nueva en este punto; solo use lo que haya mencionado previamente.

Revise el esquema básico de sus argumentos. Recuérdele a su audiencia la progresión del pensamiento para que puedan ver claramente por qué el argumento que usted establece lleva lógicamente a esta conclusión en particular.

Reitere su prueba. Recuerde que usted probablemente ya sepa su conclusión, ya que quiere argumentar a favor de ella. Al comienzo del argumento, establecimos la conclusión como algo que aún debe ser probado. Ahora que pasó un tiempo probándolo, puede presentar su conclusión como un hecho comprobado. Tenga cuidado, especialmente por escrito, de no plagiarse a sí mismo al repetir su prueba original palabra por palabra.

Mantenga su conclusión corta en comparación con el alcance de su argumento. Un argumento conciso puede necesitar solo una conclusión de dos o tres oraciones, mientras que el argumento promedio y el ensayo pueden necesitar un párrafo, quizás dos, para una pieza especialmente larga.

Terminar una Progresión del Pensamiento

En el último capítulo, hablé sobre la progresión lógica del pensamiento. Ahora tratemos el tema relacionado con la conclusión que termina esa progresión. En el curso de su argumento, hará muchas mini conclusiones a medida que trabaje en cada prueba. Su conclusión principal saldrá del resumen de estos conjuntos de conclusiones. Puede ser útil pensar en esto como si fuera un abogado que solicita al jurado que emita un veredicto en particular.

Este ejemplo proviene del famoso caso de la Corte Suprema de Marbury contra Madison, que confirmó el derecho del poder judicial a anular los actos del Congreso si son inconstitucionales: porque el Congreso está limitado por la Constitución en su poder legislativo y porque esos límites carecerían de sentido si no se pudieran imponer. Debido a que la Corte Suprema está colocada por ley en una posición para examinar la constitucionalidad de cualquier legislación presentada por el Congreso, por lo tanto, la Corte Suprema tiene el poder legal para declarar una ley del Congreso inconstitucional y, por lo tanto, nula.

Escrito por el Juez Presidente John Marshall, este fallo en particular (la conclusión del tribunal al escuchar un conjunto particular de pruebas y proporcionar su análisis) definió los poderes e influencia del Tribunal Supremo hasta el día de hoy. Tal es el poder de una progresión bien definida del pensamiento.

Llevando a Casa la Prueba

Indique su conclusión en los términos más fuertes posibles. Evite frases vacilantes como "creo que...", "es posible decir eso..." e "Es mi opinión..." Para este momento, su argumento debería haber llevado su conclusión más allá del hemisferio de posibilidad y opinión, y en una declaración de hecho. Ejemplo:

Teniendo en cuenta la información anterior, es posible, y me parece razonable, llegar a la conclusión de que el escepticismo de David Hume podría llegar demasiado lejos. En mi opinión, él pierde una conexión entre la percepción y la realidad que creo que realmente existe. Nuestra capacidad para funcionar en el mundo significa que probablemente podamos percibirlo con precisión, en su mayor parte, al menos Thomas Reid parece pensar que sí.

Esta conclusión podría derivarse del argumento, pero no nos da ninguna razón para aceptarla. Incluso si el resto del documento o el discurso estuvieran bien argumentados, esta conclusión no sería válida, como un débil apretón de manos. El orador no exuda confianza en su propia conclusión, y esa confianza ayudará a su audiencia a creer que tiene razón.

Hagamos que nuestro escritor vuelva a intentarlo:

Teniendo en cuenta la información anterior, podemos concluir con confianza que David Hume lleva el escepticismo demasiado lejos. Él pierde una conexión crítica entre la percepción y la realidad que realmente existe y nos permite funcionar en el mundo. Nuestra capacidad para recopilar datos empíricos debe darnos la confianza de que podemos saber cómo funciona el mundo, no ponerlo en duda.

Debido a que trabajamos arduamente antes en el argumento para seguir una línea lógica de pensamiento y no hacer suposiciones, se justifica completamente el que hagamos declaraciones firmes al final del argumento.

Una vez que haya resumido su argumento y presentado su conclusión lógica como comprobada, debe finalizar la conclusión. Las conclusiones sólidas terminan con llamadas a la acción, las posibles consecuencias de la conclusión y las preguntas retóricas. Su audiencia quiere saber dónde están ahora y qué deben hacer con toda la información que acaba de presentarles.

El historiador y filósofo David Hume terminó su investigación sobre el entendimiento humano con este poderoso llamado a la acción:

"Si tomamos en nuestra mano cualquier volumen, de la divinidad o la metafísica escolar, por ejemplo, preguntemos, *¿contiene algún razonamiento experimental sobre cantidad o número?* No. *¿Contiene algún razonamiento experimental concerniente a la cuestión de hecho y existencia?* No. Comprométalo entonces con las llamas: porque no puede contener más que sofismas e ilusiones".

Podemos ver la confianza de Hume en esta conclusión; no solo tiene razón, sino que las cosas que refutó son útiles solo para prender la llama. ¿Dónde está la audiencia? En un lugar donde puedan juzgar la utilidad de diferentes ideas. ¿Que deberían hacer? Rechazar todo lo que no tenga que ver con matemáticas o cuestiones de hecho y existencia. Karl Marx termina su Manifiesto Comunista con la misma fuerza:

"Dejen que las clases dominantes tiemblen ante una revolución comunista. Los proletarios no tienen nada que perder excepto sus cadenas. Tienen un mundo que ganar. ¡HOMBRES TRABAJADORES DE TODOS LOS PAÍSES, UNIDOS!"

¿Dónde está la audiencia? El proletariado está al borde de la libertad y no puede perder nada en su búsqueda. La burguesía se enfrenta a una clase trabajadora que ya no soportará sus excesos. ¿Que deberían hacer? El proletariado debe unirse y tomar su libertad, ya que la burguesía tiembla ante el poder abrumador del hombre trabajador.

Ya sea que esté o no de acuerdo con Hume y Marx, podemos ver la fuerza y la confianza que exudan. Sabemos especialmente que el llamado de Marx a la acción tuvo éxito, ya que las revoluciones comunistas sacudieron Europa poco después de que publicara el documento en 1848. Dejaron a los que leyeron sus conclusiones sin ninguna duda sobre dónde se encontraban y qué deberían hacer al respecto.

Contrarrestar Las Malas Conclusiones

Una mala conclusión le brinda una excelente oportunidad para desarmar el argumento de su oponente. Puede hacer esto de varias maneras: demuestre que sus premisas realmente llevan a su conclusión, revele una contradicción entre sus premisas y sus conclusiones, o muestre que su conclusión no es válida dado su propio argumento.

Un buen ejemplo de lo primero proviene del debate entre creacionistas y evolucionistas sobre la interpretación de la edad de las capas de roca. Ambos grupos presentan la misma información sobre el número de capas en una roca determinada, su condición, ubicación y el tipo de roca en la que se encontraron. El creacionista utilizará toda esta información para afirmar que la roca es relativamente joven y que las capas se formaron rápidamente, tal vez durante una inundación global. El evolucionista responderá que, según esta información, las capas se acumularon durante largos períodos de tiempo y, por lo tanto, la roca debe ser antigua. Cada afirmación de los datos de su oponente prueban su propio punto. Si utilizan exactamente el mismo conjunto de datos, es probable que el que escriba la conclusión más convincente se gane a la audiencia.

A veces, las conclusiones de la gente contradicen completamente toda la información que dieron durante su discusión. Esto sucede a menudo cuando alguien está determinado a llegar a una conclusión particular a pesar de la evidencia. Si ve este tipo de contradicciones, señálelas para su propio beneficio.

Finalmente, algunos argumentos no prueban su conclusión. Esto puede suceder cuando alguien cambia la mitad de la discusión del sujeto por ignorancia o razonamiento deficiente. Por ejemplo:

Las poblaciones de salmón en el noroeste se están reduciendo peligrosamente, a pesar de los esfuerzos en la rehabilitación de sus hábitats.

Conclusión: deberíamos poner límites a la pesca de bacalao, para que el bacalao no se extinga.

A menos que el argumento comparara salmón y bacalao desde el principio, esta conclusión no sigue al argumento. Puede ser cierto, pero no tenemos forma de saber si la situación del bacalao es similar a la del salmón. Si presta atención al argumento de su oponente hasta el final, este error será obvio y puede señalarlo. Como siempre, tenga cuidado de mantener un buen seguimiento de su propio elemento de discusión para que no caiga en estos errores.

Capítulo 4: ¡Cuide Su Lenguaje!

"La Ira nunca está sin un argumento, pero rara vez con uno bueno"

-Indira Gandhi

Una de las mayores barreras para ganar un argumento no es la fuerza de sus ideas, sino la forma en que se presentan. Muchas personas intentan ganar argumentos haciendo que la otra persona se sienta intimidada o culpable, pero esto hará que su oponente se enoje y los ponga a la defensiva. Es posible que ignoren muchos puntos positivos que usted produce solo por rencor. Si está discutiendo con alguien en beneficio de otros, como un debate público, la audiencia puede estar del lado de su oponente porque sienten que ha sido tratado injustamente. Su actitud puede hacer o deshacer su éxito como debatiente.

Anteriormente, mencionamos brevemente el tipo de lenguaje que debería usar, cuando hablé sobre tratar a los oponentes con respeto. Debe parecer atento, imparcial y racional. Tratar a la oposición como una persona. No se incline al nivel de un oponente bochornoso; no puede vencer a un cerdo en un concurso de lanzamiento de lodo.

La mejor manera de mirar con atención es estar atento. No interrumpa, en cambio, escuche lo que su oponente tiene que decir. Trate de entender de dónde vienen y tómese el tiempo para aclarar las cosas que no entiende. Tomarse el tiempo para escucharlos y entender su argumento le dará la mejor oportunidad de contrarrestar sus puntos de manera efectiva.

Sea imparcial. Si su oponente dice algo bien, concédale ese punto. Si está en un debate formal, querrá atenerse a su argumento hasta el final amargo, incluso si su oponente obtiene algunos puntos sobre usted. Sin embargo, en el discurso cotidiano, permítase admitir cuándo puede estar equivocado, o cuándo puede que no tenga una respuesta para algún punto que la otra persona presente. Incluso si no está de acuerdo con alguien, no todo lo que digan será irracional. Reconozca un argumento razonable cuando vea uno.

Si su oponente se enfrenta a una confrontación, esfuércese por no responder de la misma manera, especialmente si necesita apelar a una audiencia. Una persona tranquila que intenta tener una discusión racional con un fanático de ojos salvajes es un tipo de argumento en sí mismo. Como hablaré más adelante, puede volverse más convincente sin cambiar un solo argumento cambiando la forma en que se presenta a sí mismo y a su argumento.

Evite el lenguaje amenazador. Tratar de intimidar a su oponente no le hará ganar un argumento porque eso no crea uno. Quiere ganar el argumento porque tiene razón, no porque puede asustar a alguien para que pretenda estar de acuerdo con usted.

Puede ver a los manifestantes gritando a la gente o cantando para expresar sus opiniones. Si bien este comportamiento es contundente, no proporciona ningún argumento bueno. Cualquier persona que no esté de acuerdo con los manifestantes solo es alentada a verlos como irracionales. Levantarse en la cara de alguien o exigirle que le conteste de inmediato, burlarse de él o interrumpirlo, o responderle antes de que tengan la oportunidad de hablar, son ejemplos de intimidación. Ninguno de ellos trabaja a su favor. Siempre trate a su oponente y sus ideas con respeto. Que sean ellos los que se avergüencen.

El sarcasmo es divertido, pero no es un argumento. Usar a su oponente como parte de una broma puede hacerle sentir bien, pero no proporciona un apoyo real para su caso. Tomemos este ejemplo hipotético:

Oponente: Realmente no creo que el calentamiento global sea importante.

Usted: Oh, solo quieres ver cómo se quema el mundo, ¿eh?

Oponente: No estoy seguro...

Usted: ¡Los osos polares se están *muriendo*, imbécil!

Oponente: ¡No, no se están muriendo!

Usted: ¿Vives bajo una roca?

Si esto parece intimidación, podría ser porque lo es. En lugar de recurrir a la intimidación o las bromas baratas, tómese un segundo para descubrir su razonamiento y ataque:

Oponente: Realmente no creo que el calentamiento global sea importante.

Usted: ¿Por qué no?

Oponente: El clima cambia todo el tiempo. Ya sabes, temporadas y esas cosas.

Usted: Los cambios estacionales no son lo mismo que el cambio climático. Históricamente, los cambios en la temperatura han alterado los patrones climáticos y han obligado a grupos enteros de personas a mudarse de sus países de origen.

Ahora está configurado con una declaración de hecho, su oponente no se siente amenazado y puede continuar con su argumento. Recuerde, estamos usando la lógica, y un buen argumento lógico como el que acaba de aprender a hacer puede ser increíblemente abrumador por sí solo. No es necesario adoptar una pose para hacerla más fuerte.

Evite los argumentos impulsados por la emoción. Los sentimientos, si bien son reales, no constituyen una prueba. Los argumentos emocionales hacen que la gente se sienta triste o culpable, pero no necesariamente convencerá a nadie de que lo que dice es verdad. En el peor de los casos, los pondrán enfadados o a la defensiva, especialmente si usted implica que son personas crueles o descuidadas. Su argumento no debe ser con la persona, sino con sus ideas. Puede dar a entender que la idea no es ética o que tiene fallos profundos sin afirmar que su oponente es una mala persona.

Uno de los ejemplos más comunes de argumentos emocionales aparece en la publicidad. Los anuncios políticos muestran las imágenes más feas de sus oponentes con música temible que se reproduce en el fondo. Los anuncios de maquinillas de afeitar para hombres muestran a mujeres hermosas que acarician tiernamente la línea de la mandíbula recién afeitada. Los anuncios de ropa y productos electrónicos muestran a las personas que son felices y frescas al usar sus productos. Todo esto apela a las emociones: el miedo, el deseo de ser atractivo o la esperanza de que obtener la ropa adecuada nos haga populares. Si bien estos sentimientos son motivadores poderosos (a las personas que desarrollan estos anuncios no se les paga bien por cualquier cosa), poseen casi la misma sustancia que un bastoncillo de algodón de azúcar: divertido y atractivo, pero, en última instancia, vacío. Debe involucrarse con las emociones de su audiencia, pero debe encontrar una manera de hacerlo sin comprometer la integridad lógica de su argumento.

No cree caricaturas de su oposición. Una caricatura exagera una característica al extremo y, mientras muchos escritores la usan como un poderoso dispositivo literario, no ayuda a estructurar un argumento sólido porque trata de un extremo hipotético en lugar de una realidad. Los ejemplos de caricatura incluyen Ebenezer Scrooge (capitalista codicioso) en *A Christmas Carol* de Charles Dickens y Shylock (judío usurero) en *Medida por medida* de Shakespeare.

Ambos son el trabajo de escritores talentosos y cumplen bien su función, pero ninguno de ellos representa a su grupo exactamente. Este error en la argumentación es similar a las falacias lógicas de El Hombre de Paja y Generalización Apresurada. Si crea una caricatura, se verá como desdeñoso e incluso ignorante. En un debate, tome las ideas de su oponente tal y como son y trabaje para contrarrestarlas en su forma real.

Como puede ver, la presentación y el lenguaje desempeñan un papel importante en la formulación de un buen argumento. Volveremos a estas ideas más adelante cuando hablemos de falacias lógicas y también detallaremos cómo presentarnos en persona y por escrito.

Capítulo 5: Dominar el Arte de la Analogía

Las analogías comparan cosas para explicarlas o aclararlas. Las buenas analogías pueden ayudarlo a lidiar con temas complejos y ayudar a otros a comprender la importancia de algo en lo que no habían pensado antes. Incluso se pueden utilizar para probar su argumento. En este capítulo, veremos cómo estructurar analogías y cómo evitar la falacia lógica de la falsa analogía.

Una analogía no es exactamente lo mismo que una metáfora. Una metáfora describe su objeto usando un término que no es literalmente aplicable: es decir, "mi hermano es mi roca". La analogía compara una cosa con otra con el propósito de demostrar o explicar. Puede convertir lo abstracto en algo concreto y, por lo tanto, evitar la exigente gimnasia mental de su audiencia.

La primera parte de hacer una buena analogía es conocer a su audiencia. Use términos y ejemplos concretos que ya conocen y entienden. Una analogía extraída de la cocción, por ejemplo, podría no ir bien con un grupo de mecánicos porque no lo entenderían.

A continuación, intente relacionar tantos elementos de la analogía como sea posible con los elementos de la idea que desea explicar. Cuantas más coincidencias, mejor será la analogía. Aun así, esfuércese por la simplicidad. Una buena analogía hace que una idea sea menos compleja y más fácil de entender; tenga cuidado de no aturdir a su audiencia al tratar de entender la analogía en sí.

Ya tenemos algunas analogías familiares en nuestro idioma: *como encontrar una aguja en un pajar* y *tan útil como reorganizar las sillas de cubierta en el Titanic*. Pero ¿y si quiere inventarse sus propias analogías?

Busque ejemplos en la vida real y sus propias experiencias que sean comunes en muchos grupos de personas. Una analogía popular proviene del libro bíblico de Mateo, en el que Jesús compara la hipocresía con una tumba encalada: tal como una tumba limpia que *luce* bien pero que esconde cuerpos en descomposición en su interior, un hipócrita tiene buena cara, pero es algo completamente distinto.

Las analogías pueden funcionar para usted de muchas maneras diferentes. Use una analogía cuando su tema no se preste a una explicación fácil. Algo altamente técnico o abstracto a menudo evita la comprensión de las personas que aún no están familiarizadas con ello. El uso de una analogía pone la idea en términos que puedan entender. Un ejemplo popular es la explicación de los sistemas gubernamentales que usan vacas:

Feudalismo: usted tiene dos vacas. El señor de la mansión toma un poco de la leche y toda la crema.

Socialismo: usted tiene dos vacas. El gobierno toma una vaca y se la da a su vecino. Ambos están obligados a unirse a una cooperativa donde tienen que enseñarle a su vecino cómo cuidar a su vaca.

Dictadura: usted tiene dos vacas. El gobierno toma ambas y le dispara.

Esta analogía, aunque divertida, también proporciona una manera fácil de recordar los conceptos básicos de los sistemas gubernamentales y las diferencias entre ellos. Sirve mejor para una explicación fácil de entender que para lidiar con la terminología y los matices de la teoría política.

Algunas analogías añaden belleza y color y un elemento poético a su discurso o escritura. En el ensayo, C.S. Lewis usa la analogía en *Meditation in a Toolshed* de mirar *a lo largo* de un haz de luz y mirar un haz de luz para abordar la diferencia entre experimentar algo y observar la experiencia de algo. No solo da un ejemplo concreto del concepto abstracto, sino que agrega un elemento de gracia a la escritura que de otra manera no existiría, aumentando el disfrute del lector.

Otras analogías hacen poderosos sus propios argumentos si pueden comparar eficientemente una situación simple o bien conocida con una más complicada. Estos pueden convertirse en historias extendidas. Una de las más antiguas es la fábula de Esopo, "El Niño que Gritó Lobo":

"Un niño aburrido que cuidaba a las ovejas gritó "¡lobo!" para llamar la atención. Lo hizo de nuevo, y la gente vino. Pero a la tercera vez de hacerlo, el niño fue ignorado. Adiós, rebaño".

"Un mentiroso no será creído, incluso cuando diga la verdad".

En esta historia, vemos que la analogía sirve como una prueba. Sigue una línea lógica de pensamiento: le miente a la gente y todos dejan de creerle. Cuando dejan de creer en usted, ya no importa si está diciendo la verdad; ellos no le creerían. Analogías como esta presentan el material de forma simple y profunda, lo que hace que sea casi imposible no entenderlo. Si puede usar la experiencia común para contar una historia simple que refleje la idea por la que quiere argumentar, utilizará una de las pruebas más contundentes de la retórica.

Una buena analogía, una vez hecha, hace su trabajo extremadamente bien. Sin embargo, mientras disfruta haciendo sus analogías, tenga cuidado con el espectro de la falsa analogía. A diferencia de una mala analogía, que simplemente no cumple con su propósito o no resuena con su audiencia, una falsa analogía asume que debido a que dos cosas son similares de una manera, también deben ser similares de otra manera. Por ejemplo:

Las personas que no pueden vivir sin su café de la mañana no son diferentes a los alcohólicos.

Si bien parece haber una similitud, las personas que buscan una bebida en particular todos los días y que el café y el alcohol son adictivos, existen diferencias suficientemente significativas entre la adicción al café y el alcoholismo, de modo que esta analogía no se sostiene como un argumento efectivo.

Otro ejemplo de falsa analogía toma la estructura: A es como B. Dado que algunos B son C, entonces A tiene que ser C. Ejemplo:

Ese hombre lleva un pasamontaña. Los ladrones de bancos usan pasamontañas; por lo tanto, ese hombre debe ser un ladrón de bancos.

Esta falsa analogía ignora el hecho de que, aunque algunos ladrones de bancos usan pasamontañas, la tela para la cabeza también es una parte común del equipo de clima frío destinado a proteger la cara del viento y la nieve. El hombre podría ser un ladrón, o podría ser un hombre de actividades al aire libre que no quiere una nariz congelada. El pasamontaña no es suficiente para que podamos decir la diferencia.

Aquí hay una falsa analogía común en esta forma:

Ser golpeado es doloroso. Tener a alguien en desacuerdo con usted es doloroso. Por lo tanto, si alguien no está de acuerdo con usted, es como si le hubieran golpeado en la cara.

Una sola similitud, el dolor en este caso, es insuficiente para hacer una analogía. Necesita varios casos, todos los cuales son fácilmente obvios y ayudan a hacer una explicación. Si necesita la analogía para hacer una discusión, coteje las reglas para una progresión lógica del pensamiento que ya aprendimos, y asegúrese de no hacer ningún salto en el razonamiento.

Las analogías son herramientas poderosas para explicar conceptos difíciles, agregar intensidad a su lenguaje e incluso hacer pruebas. Cuando haga analogías, asegúrese de usar ejemplos que su audiencia entienda. Busque similitudes entre el concepto y la analogía e intente crear una analogía que refleje el concepto con la mayor intensidad posible.

Finalmente, no tenga miedo de usar una analogía como una prueba, solo constrúyala bien y observe cómo hace el trabajo pesado.

Capítulo 6: Carga de Prueba: Convencerlos de que tiene razón

Un argumento bien estructurado es fundamental para ganar cualquier tipo de debate, pero, como hemos visto hasta ahora, solo cubre los conceptos básicos de hacer que un argumento sea lógico y coherente. Mucho va para convencer a alguien de que tiene razón. En este capítulo, veremos diferentes formas de brindar apoyo para una progresión lógica del pensamiento.

¿No es la lógica suficiente?

Las personas no solo creen en una idea porque la encuentran lógica; creen en la idea porque les gusta. Blaise Pascal dijo que hay dos formas en que aceptamos las opiniones: el entendimiento (nos dimos cuenta de que son verdaderas) y la voluntad (queremos que sean ciertas). El más común, dijo, fue el de la voluntad: "A todos los hombres casi no se les hace creer, no por prueba, sino por atracción". Como científico, este preocupado Pascal afirmaba que las formas de hacer que a una persona le guste una cosa eran tantas y variadas como las personas mismas y no tenían nada que ver con si una proposición era cierta. El mejor consejo que podía dar era conocer a su público: lo que le gusta y lo que él cree que es cierto, y luego demostrar que su idea es la siguiente.

Al igual que Pascal, no conozco reglas sólidas y rápidas para hacer que su argumento resulte atractivo para todos. Afortunadamente para nosotros, las personas son razonables y emocionales. Si se presenta civilmente y se abstiene de insultar a propósito a su oponente o a su audiencia, está en el buen camino para convencerlos de que tiene razón.

Estructura Convincente

Si bien analizaremos esto con más detalle cuando hablemos específicamente sobre argumentos orales y escritos, necesitamos un poco más sobre la estructura para continuar.

Abra con una tesis lo que quiere probar. A continuación, proporcione declaraciones relevantes de hechos y definiciones. Si está caminando a través de una prueba extendida, ponga los pasos en un orden cronológico adecuado. Esto sigue un esquema parecido al siguiente: Porque A, por lo tanto, B. Porque B, por lo tanto, C. Porque C, por lo tanto, D.

La otra forma de apoyar su tesis es proporcionar muchas razones por las que es cierta. Esto sigue el siguiente patrón: Porque A, por lo tanto D. Porque B, por lo tanto D. Porque C, por lo tanto D.

Ambas estructuras son efectivas y presentarán su argumento de manera coherente y convincente. Hablaremos más sobre cuál elegir cuando discutamos el razonamiento deductivo e inductivo.

Acuerdo de Invitación

Puede invitar a un acuerdo solo por su actitud, que muestra si está hablando directamente a su audiencia o escribiéndoles. Evite burlarse de su oponente o usarlo como parte de las bromas. El sarcasmo y la sátira son herramientas poderosas, pero son herramientas de crítica a través de la hipérbole. Pueden revelar problemas y hablar sobre verdades universales, pero no dan lugar a argumentos fuertes porque tienden a ser de naturaleza negativa. Un elemento importante de la argumentación es ser positivo: no en un sentido optimista, sino en el hecho de que usted está defendiendo algo, no solo señalando defectos.

Si su oponente comienza a acosarlo, o si está respondiendo por escrito a un ataque personal, absténgase de realizar ataques personales a cambio. Señale la rudeza de su oponente y demuestre que su ataque no agrega nada a la discusión, pero permanezca firme. Confíe en quién es usted y confíe en la fuerza de su argumento. Los ataques personales y los pequeños insultos son el dominio de personas inciertas y asustadas. Si tienen que perseguirlo, ya han perdido el debate.

Incluso si su oponente tiene mejores puntos que usted, si los presenta mientras grita y pisa fuerte, usted puede llegar a la cima si permanece cuerdo. Como comentarista, no debe argumentar que, si alguien es grosero, sus ideas son malas, pero es probable que su audiencia lo haga por usted. "¿Cómo podría esa persona tener razón?", se preguntarán. "Prácticamente están haciendo espuma en la boca, y casi todo lo que pueden hacer es gritar insultos, mientras que esta persona aquí en realidad está tratando de presentar un argumento racional".

Argumentos Causales

Un argumento causal afirma que una cosa causó otra. Hay dos formas de usar el razonamiento causal informal: diferencia relevante y elemento conductor.

Una diferencia relevante requiere al menos dos circunstancias para argumentarlo. Probablemente ya lo haya usado durante la resolución de problemas. Si no obtiene el resultado que desea, cambie el proceso o una cosa a la vez hasta que encuentre lo que marca la diferencia y provoca el resultado que espera. Esta es la diferencia relevante. Por ejemplo:

hice mi café hoy igual que cualquier otro día, excepto que usé una marca de café diferente. Por lo general, mi café sabe bien, ¡pero hoy fue terrible! Esa marca de café no debe ser buena.

El cambio en las marcas de café es la diferencia relevante porque es lo único que cambió, por lo que es lógico suponer que tuvo un efecto directo en el sabor del café.

Una diferencia solo es relevante cuando está directamente vinculada al proceso de causa y efecto que se examina. Analice la diferencia para ver si puede tener algún tipo de efecto real en el proceso. Puede haber otras diferencias, pero pueden no ser relevantes.

La superstición es un excelente ejemplo de un argumento causal defectuoso. Los pueblos antiguos sin ningún conocimiento de las causas reales de las estaciones y los patrones climáticos realizaron rituales complejos para lograr las condiciones ideales porque creían que su ritual era la diferencia relevante:

Cada año realizamos nuestra danza ritual y sacrificamos una cabra para traer la lluvia de verano para nuestros cultivos. Este año realizamos nuestra danza ritual, pero no sacrificamos una cabra. La lluvia no vino. La razón por la que no llegó la lluvia fue que no sacrificamos una cabra.

Si bien es posible que sepamos más sobre las causas científicas de las sequías en los tiempos modernos, todavía usamos este mismo razonamiento defectuoso:

Mi equipo favorito ganó cinco juegos seguidos, y siempre usé mi camiseta #18. Sin embargo, la semana pasada, llevaba una camisa regular, y perdieron. Debo usar mi camiseta #18 para que ganen.

No importa que sepamos que usar una camisa diferente realmente no cambia el resultado, aun así, usaremos la camiseta solo para la buena suerte. Sin embargo, cuando construya un argumento estricto, realice su investigación. Examine a fondo los elementos comunes entre diferentes eventos antes de reclamar una diferencia relevante.

El otro tipo de razonamiento causativo es el razonamiento de elemento común. Esto es cuando una característica aparece en varios casos, y un cierto evento o elemento está presente en todo momento. Una vez más, es probable que haya utilizado esto en la resolución de problemas. Ejemplo:

No importa a quién elijamos para el Consejo Municipal, la ciudad siempre tiene los mismos problemas de ineficiencia e infraestructura deficiente. Pero a pesar de que elegimos nuevas personas para el Consejo Municipal, la política nunca ha cambiado. Por lo tanto, el problema está en las políticas, no en los miembros del consejo.

Tenga cuidado al usar este argumento para asegurarse de que identificó el elemento común relevante. Por ejemplo:

Cada vez que voy a trabajar en algún lugar, me despiden en solo unos meses. He manejado el mismo auto para trabajar todo el tiempo. Deben de despedirme por mi coche.

Si bien el automóvil es un elemento común en todas las situaciones, es probable que no esté directamente relacionado con el despido, o, al menos, no más que el hecho de atarse los zapatos cada mañana. Asegúrese de que la diferencia que identifique esté conectada como una causa potencial del efecto.

Cómo Hacer que los Datos Funcionen para Usted

Hablemos de datos. Mucha gente ve una presentación de datos como un argumento final en sí mismo. Sin embargo, los datos son complicados y, por naturaleza, están sujetos a todo tipo de interpretaciones. Personas distintas pueden darle un giro diferente a una estadística idéntica.

Los datos provienen de un análisis de una población particular. Necesita saber quién recopiló esos datos, cómo y de qué población provino. Por ejemplo, si hiciera un estudio sobre el racismo blanco sobre las personas de color negro en los Estados Unidos y sacara a toda mi población de personas entrevistadas de los mítines KKK y Neo-Nazi, mis datos, aunque son completamente precisos, no ofrecerían una buena sección transversal de la población estadounidense. Si seleccionara a 100.000 personas al azar de todos los lugares diferentes de los EE. UU., podría obtener una buena sección transversal, pero si me hiciera preguntas erróneas como "¿alguna vez le ha disgustado alguna persona de color?", entonces no proporcionaría datos precisos para nada, porque a una persona le puede disgustar otra persona por razones que no son raciales.

Si el argumento de su oponente se basa en un estudio mal realizado (muestra poblacional deficiente y métodos defectuosos), puede usarlo para desacreditarlo. Pero ¿y si sus datos provienen de un buen estudio?

A ver si lo aplicaron correctamente. En el ejemplo anterior, los datos que reuní sobre el racismo al entrevistar a personas en los mítines KKK y Neo-Nazi se aplican a las actitudes de los grupos declarados de supremacía blanca. Me equivocaría al aplicarlo a toda la población de los Estados Unidos porque la muestra no representaba bien al país.

Desafíe su causa y efecto. La gente usualmente usa datos y estadísticas para argumentar causa y efecto. Sin embargo, como aprendimos en el último capítulo, se pueden aplicar muchas causas diferentes a un efecto. Un tema particularmente candente en este momento es el calentamiento global. Si bien los datos muestran claramente una tendencia al calentamiento, las estimaciones sobre el grado en que los humanos contribuyen al calentamiento global oscilan entre 0 y 100%, sin un consenso claro entre los científicos. En sus debates, estos científicos no discuten si existe el calentamiento global sino cuáles son sus causas.

Dar a los datos un giro diferente. Los datos sin procesar requieren contexto para comprenderlos, y puede manipular el mensaje que los datos envían a su audiencia cambiando su contexto. Por ejemplo:

Según el FBI, la tasa de delitos violentos ha aumentado un 4% desde el año pasado hasta este año; el crimen ha debido empeorar, ¿verdad? Sin embargo, los delitos violentos en realidad han disminuido en un 12% en los últimos nueve años, y las tasas de robo han bajado en casi un 30%.

Presentando Ejemplos

Los ejemplos llevan sus ideas del resumen a algo concreto que las personas pueden ver o experimentar directamente. Cuando demuestra el uso de ejemplos del mundo real, su audiencia ve que sus ideas no solo son teóricas, sino que se basan en eventos y experiencias. Al igual que las analogías, debe usar ejemplos cuando habla de conceptos difíciles. Si puede encontrar un ejemplo real de su teoría en acción, preséntelo. Los ejemplos proporcionan peso y ayudan a demostrar conceptos que, de otro modo, serían objeto de debate. Las historias personales, las estadísticas, los eventos históricos y los resultados de los experimentos proporcionan un montón de forraje para construir ejemplos.

Use historias personales para relacionarse con su audiencia. Estas pueden ser profundas o divertidas y dar a su público la sensación de conocerlo como persona, lo que puede hacer que se interesen en escuchar lo que quiere decir:

"Cuando mi hija optó por sacudirse a la niña que le había halado el pelo unos minutos antes, me di cuenta de que una niña de seis años sabía más sobre el poder del perdón que yo".

Los eventos históricos proporcionan ejemplos para observar las consecuencias de la política gubernamental, social y económica a largo plazo. También puede proporcionar información sobre el impacto ambiental y la agricultura:

Intentar vengarse de un país después de derrotarlo en una guerra tiene consecuencias terribles para ambas partes. Cuando los Aliados derrotaron a Alemania en la Primera Guerra Mundial, exigieron reparaciones desmedidas, y luego limitaron la capacidad de la economía alemana para reunir el capital para pagar esas reparaciones. El sufrimiento y el resentimiento causados por este error llevaron directamente a la Segunda Guerra Mundial.

Un ejemplo de la historia es especialmente convincente porque el evento realmente sucedió. Sin embargo, como con todas las analogías, debe tener cuidado de asegurarse de que su ejemplo coincida con el proceso de cualquier teoría que desee describir. Cada componente debe estar en relación directa con un componente histórico. Busque cuidadosamente los componentes adicionales que podrían hacer que el ejemplo sea irrelevante para su argumento.

A pesar de cómo se pueden manipular los datos, todavía es un excelente soporte para su argumento. Citar datos y estadísticas de estudios relevantes para su tema proporciona la fuerza adicional del experimento. Una cosa es si todos estos son sus propios inventos; un caso diferente sería si muchos estudios realizados por un grupo diverso de personas llegan a su misma conclusión o proporcionan evidencia de que su conclusión es sólida.

Utilice estudios realizados por fuentes acreditadas en las que la gente confíe. No use sus propios datos a menos que sea un experto en su campo y pueda hablar con dominio sobre el tema.

Autoridades y Expertos

El uso de ejemplos nos lleva a la consulta de autoridades y expertos. Es probable que no tenga muchos años de experiencia y tampoco tenga un título en el tema de su argumento, pero Internet nos da acceso a millones de personas que sí lo tienen. Aprovéchese de ello. Una cosa es que diga que la universidad está sobrevalorada por lo que ofrece en términos de oportunidad, pero si puede encontrar un antiguo jefe del Departamento de Educación que esté de acuerdo con usted, su argumento tiene un impacto más fuerte.

Al elegir sus autoridades, busque nombres conocidos en el tema. La cita de Albert Einstein, por ejemplo, daría peso a un argumento sobre la mecánica cuántica. Otros nombres importantes son Bertrand Russel, Alexis de Tocqueville y Stephen Hawking. Todas estas personas traen su reputación con ellos, y su apoyo a su argumento, o en contra del argumento de su oponente, le ayudará a convencer a su audiencia de que deben creerle.

Otro signo de experiencia proviene de la reputación de un puesto en particular: el decano de la Facultad de Derecho de Harvard, el ganador del Premio Nobel y el presidente del Tribunal Supremo. Se sabe que todos estos cargos son ocupados por personas altamente calificadas y pueden darles importancia en la mente de su audiencia, incluso si no reconocen el nombre de la persona

Evite sacar a expertos de fuera del tema. El hecho de que alguien sea un científico conocido no significa que sea un experto en historia. Asegúrese de que su reputación se aplique directamente al argumento que desee formular.

Otro lugar para encontrar expertos es en los editores de renombre: prensa de la Universidad de Oxford, Investigación Pew, la Enciclopedia de Filosofía de Stanford o la Oficina Federal de Investigaciones. Estas y otras organizaciones son conocidas y respetadas por su material de alta calidad y sus rigurosos estándares. Las revistas y estudios revisados por compañeros también le brindarán un excelente contenido para su investigación y apoyo.

¿Por Qué Debería Replicar Su Propio Argumento?

En lugar de esperar a que su oponente le responda, comente usted mismo la opinión disidente. Esta puede ser la parte más aterradora de un argumento porque requiere que usted comprenda y presente honestamente el otro lado. ¿Qué pasa si su audiencia piensa que el otro lado es mejor o más razonable? Si bien es tentador evitar que se presente la oposición, hace que su argumento sea más sólido porque no solo se presentan puntos en contra, sino que también se abordan.

Hay un par de maneras de hacer esto. Lo primero es anticipar las preguntas de su audiencia. ¿Qué podría decir alguien que no esté de acuerdo con usted? ¿Qué tipo de dudas tendrían que ser atendidas por alguien antes de que puedan aceptar su argumento como verdadero?

Por ejemplo:

Los eventos recientes han dejado claro que el filibusterismo hace más daño que bien. ¿Pero no es importante el filibusterismo? ¿No proporciona una herramienta para que un grupo minoritario en el Senado o la Cámara de Representantes retenga una decisión hasta que la protesta pública pueda cambiar el rumbo de la mayoría?

Ciertamente solía hacerlo. Sin embargo, cada vez más, el filibusterismo ya no cumple su propósito previsto. Se desperdicia un tiempo importante y se toman como rehenes las leyes de los representantes electos del pueblo.

Para hacer este argumento, me gustaría traer algunas fuentes de buena reputación y ejemplos recientes significativos. Pero al presentar la oposición yo mismo, informo a mi audiencia de que soy consciente de sus posibles dudas y estoy dispuesto a abordarlas, lo que aumenta su confianza en mí y en lo que tengo que decir.

La segunda forma de plantear la oposición es comentar los argumentos que descubrió en el curso de su investigación sobre su tema. Los expertos no suelen estar de acuerdo, y cuanto más profundice en su tema, más debate encontrará. Presente la vista opuesta y luego muestre cómo usted y sus expertos de apoyo refutan esa vista:

La investigación revolucionaria de Sigmund Freud a principios del siglo XX revolucionó la psicología y creó el psicoanálisis. Su investigación se centró en la progresión de la sexualidad humana y los problemas causados por la incapacidad de reconciliar las etapas de las fases sexuales. La investigación moderna, sin embargo, ha demostrado que muchos de los problemas psicológicos a los que Freud atribuye a la falta de conciliación de las etapas sexuales, o incluso que no son problemas en absoluto.

Presentar siempre la oposición de la manera más justa posible. Si está respondiendo directamente a un oponente, tómese el tiempo para asegurarse de que ha entendido su argumento. Cuando construye bien la oposición, se vuelve más creíble cuando derriba sus argumentos.

Capítulo 7: El Arte De La Deducción (y La Inducción)

Usualmente usamos dos tipos de argumentos: deductivo e inductivo. Ambos forman la base de excelentes argumentos y ofrecen una prueba convincente. Si bien puede usar cualquiera de ellos con gran efecto, son más poderosos en nichos particulares. También puede ser especialmente bueno en uno u otro.

Razonamiento Deductivo

En su forma más simple, el razonamiento deductivo comienza con la causa y procede a explicar los efectos. Pasa de las generalidades a lo específico, y las especificidades son una conclusión necesaria de las verdades generales. Usamos el razonamiento deductivo con frecuencia en las matemáticas. Por ejemplo:

Usando la verdad de que las cosas que son iguales a las mismas son iguales entre sí, entonces si A=B y B=C, entonces A=C.

Todos los gatos son felinos. Fluffy es un gato. Por lo tanto, Fluffy es un felino.

La debilidad del razonamiento deductivo es la misma que su fuerza: depende de la verdad de sus premisas porque la conclusión ya está en las premisas.

Si todos los barcos flotan, y Mary Beth es un barco, entonces la conclusión de que Mary Beth está flotando ya está en las premisas, simplemente no se ha declarado de forma independiente.

Sus premisas le restringen de un par de maneras cuando hace argumentos deductivos. Ya tienen que contener su conclusión, y tienen que ser indiscutibles. Si puedo demostrar que todos los barcos no flotan, entonces la conclusión de que Mary Beth flota deben ponerse en duda.

Tenga cuidado con las deducciones inválidas. Una deducción no válida asume que la cosa específica cae en una categoría cerrada cuando esa categoría podría aplicarse a varias cosas diferentes:

Todos los búhos tienen garras.

Wheeler tiene garras.

Por lo tanto, Wheeler es un búho.

Ninguna de las premisas, en este caso, son falsas, pero se han aplicado incorrectamente a la conclusión porque la conclusión no es una necesidad lógica. Otros animales, además de los búhos, tienen garras, por lo que "tiene garras" no nos dice si una criatura específica es o no un búho.

Todos los que viven en Chicago viven en Ohio.

Kate vive en Ohio.

Por lo tanto, Kate vive en Chicago.

Una vez más, si bien ninguna de las premisas es falsa, la conclusión que saqué no fue una necesidad lógica, porque se podrían sacar otras conclusiones. Kate podría vivir en Columbus, y las premisas aún serían ciertas.

Use argumentos deductivos cuando necesite construir pruebas una encima de la otra para llegar a su conclusión. Utilice los métodos que hemos aprendido en los capítulos anteriores para respaldar sus premisas, y puede establecer una conclusión que no solo es razonable sino también una necesidad lógica absoluta.

Razonamiento Inductivo

El razonamiento inductivo induce causas de un examen de los efectos al pasar de casos específicos a ideas generales. Piense en un científico sacando conclusiones después de hacer muchos experimentos. Utilizamos la inducción para observar patrones en resultados o comportamientos. Este tipo de razonamiento funciona bien cuando se quiere argumentar un principio general a partir de un conjunto de eventos o conclusiones.

Un maestro notó que sus alumnos se involucran con entusiasmo durante una clase de debate. La próxima semana, trata de incorporar nuevamente la discusión, aunque el tema es diferente. Los estudiantes se comprometen con entusiasmo una vez más. El maestro concluye que su clase se involucra con un tema cuando tienen la oportunidad de debatir.

Puede notar algunas similitudes entre esto y la idea de un elemento común que examinamos con razonamiento causativo. Eso es porque usamos el razonamiento inductivo para encontrar un elemento común. Use el razonamiento inductivo cuando presente una serie de pruebas para una conclusión:

Cuando como galletas, me siento mal. Cuando como sándwiches, me siento mal. Cuando como pizza, me siento mal. Cuando como pastel, me siento mal. El ingrediente común entre todos estos es la harina; debo ser intolerante al gluten.

La debilidad del razonamiento inductivo es que se basa en información empírica y, por lo tanto, está sujeta a limitaciones. Por ejemplo:

Todos los gatos que he visto son negros o blancos.

Por lo tanto, todos los gatos son negros o blancos.

Si bien toda la información que tiene apunta a que los gatos solo son negros o blancos, alguien que tenga más información podría desmentirle rápidamente al traer a su mascota atigrada. Cuando utilice un argumento inductivo, extraiga de una amplia selección de pruebas. Utilice la información de otras personas y no dependa de su propia experiencia.

El famoso científico Sir Isaac Newton utilizó un argumento inductivo para probar la existencia de la gravedad. Durante miles de años, la gente pensó que los artículos caían a la Tierra porque estaba en su naturaleza caer sobre la superficie de la Tierra. Pensaron que los planetas giraban alrededor de la Tierra y más tarde del Sol porque estaban en esferas concéntricas giratorias, o porque flotaban en un mar invisible de éter.

Newton notó que la fuerza centrífuga ejercida en un cabestrillo giratorio era la misma que la fuerza con la que las lunas de Júpiter se mantenían en rotación alrededor de su planeta. Luego se dio cuenta de que las matemáticas mostraban que la fuerza con la que todos los planetas se mantenían en rotación alrededor del sol era la misma. Finalmente, las proporciones de esta fuerza no solo eran iguales entre los planetas y sus lunas, sino entre planetas, lunas y objetos que caían sobre la superficie de la Tierra. A partir de estas observaciones, concluyó que una fuerza debe actuar sobre todos estos cuerpos. Si bien nuestra visión de la gravedad ha cambiado en los siglos siguientes, los científicos aún creen que todo lo que mantiene a los planetas en movimiento es la misma fuerza que controla las mareas y hace que las tazas de café caigan cuando las dejamos caer.

Newton y muchos otros científicos después de él utilizaron el razonamiento inductivo para encontrar el elemento conductor entre eventos aparentemente no relacionados, y muchas de sus conclusiones siguen en pie. Tuvieron cuidado al recopilar sus datos y trabajaron arduamente para asegurarse de que eligieran elementos comunes que tuvieran sentido y pudieran explicar todo de la manera más simple posible.

Debido a que los científicos tienden a preferir el uso del razonamiento inductivo, el razonamiento inductivo se considera popularmente como inherentemente científico y, por lo tanto, bien aceptado como un buen estándar para probar un argumento. Puede ser más atractivo que el razonamiento deductivo, ya que la sociedad moderna tiende a ser escéptica de los axiomas.

Capítulo 8: ¡Sofistería! Identificando Falacias Lógicas

Las falacias lógicas pueden sonar bien, pero no admiten un argumento. Si bien señalar una falacia lógica no es un argumento en sí mismo, señalar que su oponente usó una falacia lógica puede debilitar sus proposiciones y establecer el escenario para que pueda contrarrestarlas con sus propias pruebas.

Pendiente Resbaladiza

Si A sucede, entonces Z sucederá. Un argumento de pendiente resbaladiza salta a conclusiones sin nada que apoye la conexión. Ejemplo:

Si la ciudad prohíbe la venta de refrescos de 24 oz., eventualmente prohibirá la venta de cualquier refresco en absoluto. No debemos dejar que prohíban la venta de refrescos de 24 oz.

Si repruebo esta clase, nunca podré reponerme, no me graduaré de la universidad y moriré sin hogar en una cuneta en alguna parte porque no conseguí un trabajo.

Esté atento a esta falacia cuando lleve una idea a su conclusión natural. Recuerde usar una progresión paso a paso. Si su oponente usa una falacia de pendiente resbaladiza, aproveche la oportunidad para demostrar que su conclusión no es válida. Puede notar que la ciudad no impide que las personas compren refrescos, solo un contenedor de cierto tamaño; todos todavía pueden comprar y beber sus refrescos como les plazca. Fallar en una clase no destruye las oportunidades de una persona de adquirir un empleo.

Generalización Apresurada

La generalización apresurada ocurre cuando alguien se mueve demasiado rápido a través de un argumento inductivo. Por ejemplo:

Las dos primeras tiendas a las que fui no tenían huevos. Por lo tanto, ninguna tienda en toda esta ciudad tiene huevos.

Mi novio me engañó y mintió sobre eso. Todos los hombres son tramposos y mentirosos.

No me gusta el olor de un Sharpie. A mi hermano no le gusta el olor de un Sharpie. A una mujer al azar con la que hablé en el aeropuerto no le gusta el olor de un Sharpie. A nadie le gusta el olor de un Sharpie.

Cuando use argumentos inductivos, asegúrese de sacar su conclusión de muchas fuentes u observaciones y evite hacer afirmaciones arrolladoras hasta que tenga la evidencia para respaldarlos.

Post hoc, ergo propter hoc

Significando "después de esto, por lo tanto, debido a esto", la falacia post hoc asume que algo es la causa de otra cosa porque ocurrió antes. El hecho de que dos eventos sucedan en secuencia no significa que estén vinculados entre sí de ninguna manera:

Lavé el auto, y luego llovió. Llovió porque lavé el auto.

En este caso, la secuencia de eventos - lavado de autos y lluvia - no tienen conexión entre sí. A veces los eventos parecen estar vinculados, sin embargo:

Ayer, usé mi camión para ayudar a mis amigos a mudarse. Hoy tengo un pinchazo. Debo tener un neumático desinflado porque cargamos la plataforma del camión de forma muy pesada.

Si bien podría haber un enlace aquí, es incierto. El camión podría haber golpeado un bordillo y dañar una válvula del neumático o haber pasado por un clavo durante un viaje no relacionado a la tienda de comestibles.

Al contrarrestar esta falacia, sugiera conclusiones alternativas o demuestre que los eventos no están conectados.

Falacia Genética

La falacia genética analiza la verdad de una afirmación por los orígenes de las premisas:

Este hombre es un cristiano. Cualquier defensa que haga del cristianismo es intrínsecamente parcial y, por lo tanto, errónea porque quiere que el cristianismo sea verdadero.

Otro ejemplo de esto en la actualidad es la identificación errónea de noticias completas como "noticias falsas", en lugar de darse cuenta de que las historias individuales son noticias falsas cuando mienten o exageran las situaciones de falsedad:

CNN presentó esta noticia. La semana pasada, CNN presentó una historia que se probó que fue mal investigada e incorrecta. Por lo tanto, esta historia también debe ser mal investigada e incorrecta.

La fuente de una premisa no necesariamente la hace verdadera o falsa. Una persona con un largo hábito de verdad puede mentir, y viceversa. Examine la afirmación en sí, independiente de la fuente. Si tiene problemas debido a un sesgo personal, pregúntese si se sentiría mejor con respecto a la afirmación si proviniera de una fuente en la que confíe o que le guste. Si lo hiciera, lo más probable es que haya caído en una falacia genética.

Si alguien usa una falacia genética mientras discute con usted, dirija la conversación fuera de la fuente de la premisa y pídale que se dirija a la premisa en sí, sin importar de dónde provenga.

Planteamiento de la Afirmación

También conocido como planteamiento de la pregunta, este argumento es un ejemplo de razonamiento deductivo mal ejecutado:

Fumar cigarrillos es mortal porque fumar cigarrillos puede matarle.

La evidencia proporcionada para el reclamo asume que el reclamo ya es verdadero, lo que plantea la pregunta: "Espere, ¿por qué es así en realidad?" Esta es la pregunta perfecta para preguntar si su oponente usa esta falacia.

Argumento de la Incredulidad

Este argumento asume que debido a que no puede creer algo, no debe ser verdad. Ejemplo:

No puedo creer que alguien haya aterrizado en la luna. Por lo tanto, el aterrizaje de la luna debe haber sido falsificado.

Hay una diferencia significativa entre su incredulidad o ignorancia personal y una prueba real de que algo está bien o mal. El mero escepticismo no es un argumento a menos que tenga apoyo.

Cualquiera/O

También conocida como la falacia de todo o nada, presenta dos posiciones opuestas como si fueran las únicas opciones posibles. Ejemplo:

No apoya la igualdad en el matrimonio. ¡Debe querer matar a los gays!

Si el gobernador no toma una postura activa contra la corrupción gubernamental, él mismo debe ser corrupto.

Evite esta falacia prestando atención a sus opciones. Permita que otras personas sean complejas y sus ideas matizadas. El hecho de que una persona no caiga en un campo no significa necesariamente que se atribuya al otro extremo.

Cuando se enfrente a refutar una falacia, proponga una tercera opción; no deje que su oponente lo ponga a usted en una caja.

Ad hominem (del latín, 'contra el hombre')

Este es quizás uno de los argumentos más fáciles de formular cuando está frustrado. Ad hominem intenta atacar el argumento de una persona atacando a la misma persona:

No puede comentar sobre las políticas que afectan a las familias de bajos ingresos porque nunca ha sido pobre.

La única razón por la que cree que deberíamos mantener nuestras armas nucleares es porque es un belicista que está deseando de tener la oportunidad de usarlas.

Solo quiere trabajar en la conservación en este parque nacional porque es un hippie que abraza a los árboles.

Las personas de mal carácter, las que no le gustan y las que carecen de experiencia en un tema de discusión todavía pueden decir cosas verdaderas y formular buenos argumentos. Si alguien lo ataca personalmente durante una discusión, no responda de la misma forma. Demuéstrele a ellos y a su audiencia que no está basando su argumento en su carácter o conocimiento, sino en la investigación que ha realizado y los argumentos que construyó.

*Ad populem (del **latín**, «dirigido al pueblo»)*

La falacia ad populem sostiene que debido a que mucha gente cree una cosa, debe ser cierta. Ejemplo:

Miles de millones de personas son religiosas. Ser religioso debe ser correcto.

Este argumento ignora la realidad de que el consenso de la mayoría puede estar equivocado. Los científicos, los teólogos y la gente común estuvieron de acuerdo en que la Tierra fue el centro del universo durante siglos y, sin embargo, ahora sabemos que no lo es.

No todos los argumentos de consenso caen en la falacia ad populem. Apelamos a la decisión mayoritaria de un grupo en derecho y ciencia porque el hecho de que un grupo grande y variado de personas educadas haya llegado a cierta conclusión es convincente. Pero la mayoría no siempre aterriza en la verdad. Si su oponente hace un argumento ad populem, tómese un momento para ver si algo puede ser otorgado por el hecho de que muchas personas tienen esta creencia. Luego, recuerde a su audiencia que la mayoría puede estar equivocada y refute el argumento de su oponente con sus propios hechos.

Cortina de Humo

Una cortina de humo no intenta ganar un argumento a través del razonamiento falaz; intenta distraerle de ello por completo:

"Creo que deberíamos considerar los beneficios de aumentar el salario mínimo".

"¿Subiendo el salario mínimo? La gente en África gana mucho menos que usted, así que, ¿por qué se preocupa por eso?"

De repente, el argumento pasa de una discusión sobre el salario mínimo en su país a lo que se paga en promedio a las personas en África por su trabajo.

"¿Por qué no apoya esta legislación contra el aborto? Necesitamos proteger la santidad de la vida en nuestra cultura".

"¿Por qué no apoya esta legislación contra la pena de muerte, entonces?"

Una vez más, esto devuelve otra pregunta no relacionada en lugar de abordar el argumento. Manténgase en el tema y haga que su oponente se mantenga en el tema lo mejor que pueda. Si le presentan una pista falsa, no se deje distraer. Permanezca con su tema y pídales que también lo hagan. Si está interesado en la cortina de humo, investigue más adelante.

El Hombre de Paja

La falacia del hombre de paja distorsiona el argumento del oponente. Si bien este argumento distorsionado puede ser más fácil de vencer, cualquier persona que preste atención se dará cuenta de que el argumento real no se ha abordado, y no estarán convencidos.

Para evitar el uso de la paja, tómese el tiempo para escuchar a su oponente para que pueda ser justo a su modo de ver y representarlo con precisión. Puede ser difícil, pero trabajar en contra de su argumento real hará que su éxito sea más claro cuando demuestre que estaban equivocados. Si alguien usa un hombre de paja contra usted, recuérdele a su audiencia lo que realmente dijo y continúe. No se sienta obligado a responder reclamaciones sobre una creencia que realmente no tiene.

Equivalencia Moral

La falacia de la equivalencia moral compara los delitos menores o las malas acciones con otros mayores y sugiere que son igualmente depravados. George Orwell dijo que estos argumentos se reducen a "decir que la mitad de un pan es lo mismo que no haya pan". Por ejemplo:

Discrepar con alguien es básicamente lo mismo que agredirlo físicamente.

La forma en que Israel ha respondido hacia los palestinos no es diferente del Holocausto.

A veces hay una equivalencia moral entre las cosas. Sin embargo, suelen ser el mismo tipo de atrocidad. Habría una equivalencia moral entre los genocidios armenios y ruandeses, por ejemplo.

No tiene que sugerir una equivalencia moral para demostrar que algo es malo. La inmoralidad de esas acciones o decisiones se puede mostrar claramente a cualquier persona con una conciencia activa. Si alguien intenta usar una equivalencia moral, señale las diferencias entre las dos situaciones. Si ambos son ejemplos de un crimen, no tiene que defender la moralidad del crimen menor para demostrar que está en un plano diferente al mayor.

Argumento de Gibberish

El argumento de Gibberish intenta confundir a su audiencia u oponente utilizando un lenguaje técnico complejo y, a menudo, sin sentido:

Según el comité, post hoc, el azimut del triumvir está directamente relacionado con el requisito de la naturaleza y función requeridas de la pendiente, y si no lo fueran, la conclusión sería de otra manera, pero tal como está, vamos a ir con la última explicación.

Esa frase no significa nada. No oculte un argumento dentro del lenguaje técnico ni intente esquivar preguntas utilizando explicaciones falsas. Si su oponente intenta tirar algo como esto hacia usted, pida definiciones y no deje que eludan la necesidad de responder realmente una pregunta.

Argumento de la Barba

El argumento de la barba proviene de la cuestión de tratar de averiguar cuándo es el momento preciso en que un hombre pasa de estar bien afeitado a tener una barba. También llamada la falacia del continuo, asume que debido a que no hay un punto claro donde se encuentran dos extremos, no debe haber diferencia entre los dos. Ejemplo:

¿Por qué no puedo obtener mi licencia el día antes de cumplir 16 años? Un solo día no supondría una gran diferencia. Además, si un solo día no marca una gran diferencia, entonces un montón de días solos tampoco debería hacer una gran diferencia, y debería poder obtener mi licencia cuando tuviera quince años.

El hecho de que no haya un punto de definición claro no significa que dos cosas sean iguales. Si bien es posible que no quede claro cuando alguien pasa de estar bien afeitado a tener barba, cualquier hombre puede decirle que hay una clara diferencia entre los dos.

Existen muchas más falacias de argumentación, pero estas son algunas de las más comunes, con un par divertidas al final. Con suerte, esta lista puede ayudarle a evitarlas usted mismo y saber cuándo alguien intenta usarlas en su contra.

Capítulo 9: Argumentos Orales

Según su definición precisa, un argumento oral es un argumento presentado ante un tribunal de justicia. De manera más general, puede usarse para referirse a cualquier argumento realizado cara a cara.

El Arte de la Presentación Física

Si sabe que debe presentar un argumento antes de tiempo, puede preparar su apariencia. Para debates, negocios, y ropa de corte de negocios. Incluso si su ropa no es particularmente agradable, puede asegurarse de que las prendas que lleva estén limpias (y de que usted esté limpio). No se vista demasiado extravagante, o con ropa no apta para la situación, como un vestido de noche en una reunión de la junta directiva, por ejemplo. Acicale su cabello para que la gente pueda ver su cara.

Debido a que pasamos mucho tiempo encorvados sobre teléfonos y computadoras, muchas personas ya no saben cómo ponerse de pie. Estar derecho le hará sentir y lucir más seguro. También le dará más espacio para respirar para que no se quede sin aliento mientras habla.

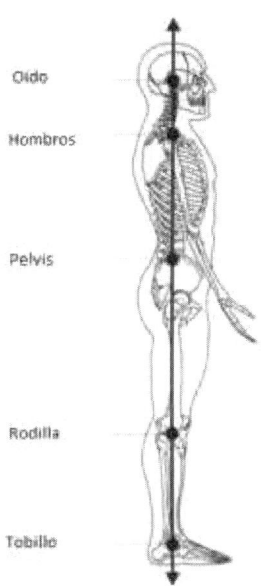

Para erguirse derecho, separe los pies al ancho de los hombros. No cierre las rodillas. Distribuya su peso uniformemente entre los talones y los dedos de los pies. En lugar de empujar los hombros hacia atrás y sacar el pecho, levántelo de la caja torácica y luego de la clavícula. Deje que sus omóplatos caigan por su espalda como una capa. Levante la barbilla para que el lóbulo de la oreja y la clavícula estén alineados.

Deje que sus brazos caigan a sus costados, acóplelos frente a usted o déjelos reposar en su podio, si tiene uno. No se meta las manos en los bolsillos mientras mantiene una charla seria; le hará parecer descuidado. Evite cruzar los brazos o plantar los brazos sobre un escritorio o una silla. Ambas son posturas cerradas y comunican un intento de dominar, en lugar de razonar. Es aceptable inclinarse hacia su audiencia mientras hace un punto.

Si está sentado, no extienda las rodillas, especialmente si lleva una falda o una falda escocesa. Mantenga los pies juntos, cruce los tobillos o cruce las piernas. Siéntese derecho en la silla e inclínese un poco hacia adelante si quiere comunicar interés o entusiasmo. No se agache ni se tumbe. Continúe levantando su caja torácica y clavícula. Deje caer sus manos en su regazo o descanse en los brazos de la silla.

Una buena postura irradia confianza y facilidad, sin importar quién sea o cómo esté vestido.

Hable claramente y sea conciso. No se comunica ningún buen argumento murmurando. Haga contacto visual con las personas del grupo mientras habla y relaje los brazos para que pueda hacer gestos. Si no se siente cómodo manteniendo contacto visual con la gente, encuentre un nivel de puntos con las caras de su audiencia para que puedan ver sus ojos.

Si tiene un micrófono que no está conectado a su cabeza, manténgalo a una distancia constante de su boca. Puede ser intimidante escuchar su voz a través de un conjunto de parlantes, pero no aparte el micrófono de su cara. En su lugar, continúe hablando y permita que el técnico de audio ajuste el volumen para la audiencia.

Esté usando un micrófono o no, module su voz para evitar que el tono sea demasiado alto o bajo con su emoción y entusiasmo. Por otro lado, evite la monotonía. Conjugue palabras importantes y varíe el tono con afirmaciones y preguntas. Si necesita leer o recitar una cita, familiarícese con ella y trátela como si fuera dicha. Pausa en los comunes, dos puntos y punto y coma. Deje que su tono baje al final de las declaraciones y suba al final de las preguntas. Muchas personas cometen el error de correr cuando leen, ignorando la puntuación y no modulando palabras importantes. Si se siente inseguro, disminuya la velocidad, respire y trate de leer todo como si fuera el Dr. Seuss.

Interactuando Con La Audiencia y El Oponente

Cuando discuta cara a cara, esté preparado para cambiar de táctica según la reacción de su audiencia. Algunas audiencias solo tienen la cara de piedra y es imposible interactuar con ellas, pero si las mira a los ojos y les habla *a* ellas en lugar de en ellas, está en camino de involucrarlas en su argumento. Practique frente a un espejo, o frente a otras personas, para que sepa cómo se ve un acto antes de tiempo.

Mientras esté en una discusión directa con su oponente, no se deje intimidar. Apéguese a sus mejores argumentos y desvele las falacias cuando las veas. Si su oponente se defiende en un punto en particular, concédale tiempo para hacerlo. Puede ser doloroso, pero demostrar que es un pensador razonable y dinámico le proporcionará el afecto de su audiencia y se le concederá esa reputación a sus argumentos posteriores.

Argumentos Orales en el Tribunal

Si termina en el tribunal y quiere defenderse o presentar un caso ante el juez, los estilos de argumentos que ya ha aprendido le serán útiles. Sin embargo, en la corte, tendrá un tiempo limitado para hacer su impresión, por lo que la preparación es clave para su éxito.

Escriba un resumen para el caso. Un resumen es una reseña rápida de las partes en el caso y el problema que se abordará. Si bien el documento final debe tener aproximadamente una página, la cantidad de investigación que deberá realizar para crearlo lo familiarizará con el caso.

Conozca la jurisdicción de su corte. Si un tribunal no cree que tienen jurisdicción en su caso, lo desestimarán. Asegúrese de saber con certeza por qué este tribunal tiene el poder de tomar una decisión por usted.

Es importante conocer la jurisprudencia pertinente. Los tribunales no solo usan la ley legislada cuando toman sus decisiones, ya que la ley legislada no puede lidiar con cada situación. Los asuntos que no se abordan con énfasis en una ley en particular están sujetos a la jurisprudencia y al precedente judicial. Eche un vistazo a casos recientes similares a los suyos y vea cómo se resolvieron. Una vez que los tribunales comienzan a gobernar de una manera particular, tienden a mantener la consistencia, y usted puede usar eso para su propio beneficio.

No se ponga de pie para iniciar su debate con sus manos llenas de papeles. Esto es aplicable a cualquier argumento hecho directamente a una audiencia física. En el momento en que discuta su caso ante una multitud o un juez, debe sabérselo lo suficientemente bien como para no necesitar notas o tarjetas de referencia. Puede escribir y memorizar partes críticas de su argumento, como las oraciones iniciales y su conclusión. Memorizar una apertura puede evitar que tartamudee por los nervios y darle un momento para relajarse y darse cuenta de que el podio no lo va a comer vivo. Hablar sin papeles le impide hablar con su guion y le permite abordar y adaptarse a la situación actual y a las reacciones de la audiencia.

Si está leyendo este libro, es evidente que le interesa aprender cómo debatir bien. Confíe en el conocimiento de que ha investigado y sepa qué y cómo argumentar para probar su caso. Llame a su audiencia para escuchar y razonar con usted y verlos convencerse de su argumento.

Capítulo 10: Escribir un Ensayo Argumentativo

El ensayo argumentativo es un elemento básico de las publicaciones de blog, debates y el aula. Saber cómo escribir un ensayo efectivo puede aumentar no solo el peso de su opinión, sino también los resultados de sus exámenes y su confianza.

Preescritura

Cuando se siente a escribir un ensayo, y sus ideas tiendan a ser bastante nebulosas, entonces escriba la idea básica sobre la que quiere discutir y sus primeros pensamientos y reacciones. Esto puede hacerse en un cuaderno o documento de Word. Obtenga una idea de lo que ya sabe, lo que necesita investigar y cuál es su posición sobre el tema.

Mis primeras reacciones a los temas de argumentación tienden a ser viscerales, por lo que a veces escribo un borrador de mi ensayo lleno de razonamiento emocional, sarcasmo, sátira y todo tipo de otras falacias. Esto hace que esa primera reacción salga de mi sistema y, a menudo, encuentro las semillas de argumentos en medio de mi perorata. Si escribo algo como, "eso es una estupidez", volveré más tarde y me preguntaré por qué. Si puedo respaldarlo, convertiré "eso es estúpido" en un argumento más racional como "es contradictorio porque A no es igual a B".

Descubra Su Tesis

Su tesis será lo que argumente. Debe abordar un tema por la longitud de su documento. Una tesis que afirma que la totalidad del conocimiento humano se basa en la experiencia empírica no cabrá en un documento de cuatro páginas. Su tesis debe ser un tema único y estrecho que se ajuste a una o dos oraciones.

Mala Tesis: El utilitarismo está mal.

Buena Tesis: El utilitarismo depende de que las personas aprendan a trabajar por el mayor bien posible para la humanidad. Sin embargo, la ingeniería social no puede hacer que las personas trabajen consistentemente para lograr un bien mayor. Esto crea un problema significativo con la implementación del utilitarismo.

Escribe un Esquema

Su ensayo debe ser presentado en una estructura similar a esta:

Párrafo 1: Introducción y Tesis

Párrafo 2: Declaración de Hecho y Definiciones

Párrafo 3: Prueba 1

Párrafo 4: Prueba 2

Párrafo 5: Prueba 3

Párrafo 6: Contrapuntos

Párrafo 7: Refutación

Párrafo 8: Conclusión

Su ensayo variará con la estructura precisa de su argumento. Es posible que desee combinar los contrapuntos y refutaciones con sus respectivas pruebas. Algunas personas prefieren la estructura de ensayo de cinco párrafos:

Párrafo 1: Introducción

Párrafo 2-4: Puntos, contrapuntos y refutaciones

Párrafo 5: Conclusión

Utilicé el ensayo de cinco párrafos a lo largo de la escuela secundaria con gran eficacia y solo cambié de método después de llegar a la universidad y tener que escribir artículos mucho más grandes. Recuerde que siempre puede cambiar el esquema al comenzar a escribir, así que no se preocupe demasiado por él, especialmente si no es un escritor de esquemas.

Haga Su Investigación

Su preescritura y su esquema deben darle una buena idea de lo que necesita investigar. Comience con búsquedas de palabras clave en Google o en bases de datos de bibliotecas locales. Mientras revisa los libros y sitios web relevantes, registre toda la información que necesitará para incluir las citas correspondientes. La mayoría de los artículos argumentativos requieren citas extensas para respaldarlos, y no querrá tener que rastrear esta información dos veces.

Su número de fuentes debe ser proporcional al tamaño de su ensayo. La mayoría de los ensayos argumentativos tienen un promedio de cuatro a diez páginas y no requerirán más de tres o cuatro fuentes. Si un maestro asignó el ensayo, o si la organización para la que escribe tiene estándares particulares, verifique con ellos para averiguar si tienen requisitos para el número de fuentes.

Enganche A Su Lector

Su primera o dos oraciones deben involucrar al lector y hacer que quieran ver de qué trata su ensayo. Una vez, un profesor me recomendó que diera un título y comenzara mi ensayo como si fuera el último artículo que él calificaría a las 4 a.m. Mi apertura debería ser lo suficientemente atractiva como para captar la imaginación de mi profesor en su estado más agotado y privado de sueño.

Una vez que haya captado la atención de su lector, proceda con su tesis y comience su transición al cuerpo principal del ensayo. No trate de hacer argumentos en su primer párrafo. Habrá mucho tiempo para eso más tarde.

Proporcionar Contexto

Configure a su lector con cualquier información que necesite saber. Esto debería llevarle menos de una página, preferiblemente media página. Mientras escribe esta parte, considere quién leerá el ensayo y qué información pueden o no conocer. Esta es su declaración de hecho y el punto en el que es más probable que pierda un lector. Manténgalo lo más corto posible y lo más interesante posible.

Discuta Su Punto

Ahora está a fondo en el cuerpo principal de su ensayo. En el grueso de su argumento, recuerde respaldar cada afirmación con pruebas, ya sea directamente de fuentes o razonamientos. Los métodos que aprendió en los capítulos anteriores se aplican aquí. Permanezca en una línea de pensamiento y asegúrese de evitar distraerse con fragmentos interesantes de investigación u otros "rastros de conejos". Si su ensayo insiste en seguir una dirección particular, es posible que deba modificar su tesis para que coincida.

Use citas de los escritores que consultó. Cuando use una cita, presente al escritor o al orador a sus lectores, y solo proporcione la parte de la cita que sea más relevante para su argumento. Recuerde, usted está debatiendo, y la mayor parte de su ensayo debe estar formado por sus palabras, no por citas de sus fuentes.

Concluir

Envuelva todos los cabos sueltos de su argumento y repita su tesis. Al igual que enganchó a su lector al comienzo del ensayo, déjelos con algo que les dé que pensar al final, ya sea una pregunta o un llamado a la acción.

Vuelva a revisar su trabajo y asegúrese de abordar todas las preguntas o problemas que haya planteado. Si usted dijo o implicó que trataría algo, trate este tema o elimínelo del ensayo.

Editar, Editar, Editar

Enhorabuena, acaba de terminar su primer borrador. Ahora vuelva atrás y dele forma. Compruebe si hay mala gramática y afine su puntuación. Elimine cualquier lenguaje vacilante, como "creo" o "podría".

Elimine la voz pasiva siempre que sea posible. Una forma fácil de identificar la voz pasiva es ver si puede agregar "por zombis" a la oración. es decir, "fue discutido... por zombis". La voz pasiva puede que no acabe con su argumento, sino que verifique si hay casos para ver si se puede cambiar a voz activa. Es probable que el cambio haga que su escritura sea más fuerte y más atractiva.

Borre los adjetivos y adverbios. Las palabras descriptoras a menudo sirven para apuntalar nombres y verbos débiles, como "muy triste" en lugar de "con el corazón roto" y "muy viejo" en lugar de "antiguo". No intente eliminar cada palabra descriptiva de su escritura; sirven un propósito. Sin embargo, asegúrese de agregar toda su fuerza a su trabajo, comparándolos con sustantivos y verbos fuertes.

Lea su ensayo en voz alta o cópielo y péguelo en un generador de texto a voz en línea. Escuchar su ensayo puede ayudarlo a identificar oraciones incómodas y palabras mal escritas que su corrector ortográfico podría no captar.

Compruebe si hay plagio. No debe estar plagiando en primer lugar, pero a veces copiamos la redacción accidentalmente. Ejecute su trabajo a través de un comprobador de plagio para asegurarse de que todo el contenido sea exclusivamente suyo.

Taller

Encontrar a otras personas que puedan leer y criticar su escritura será realmente valioso para su crecimiento como escritor. Solicite críticas de personas que también están aprendiendo a escribir, o que saben escribir. Durante una sesión de taller, absténgase de discutir con ellos o tratar de responder sus críticas en el acto. Escuche en voz baja, tome notas y decida si aplica o no sus sugerencias más adelante. Preste atención a los problemas para encontrar su tesis o seguir su argumento. Si otras personas no creen que el objetivo de su ensayo es claro, es probable que no lo sea. Cualquier claridad que vea proviene de su meta-conocimiento del ensayo. Obtenga comentarios sobre lo que debe hacer para proporcionar claridad e intente implementar las sugerencias.

Cumplir con el Formato

Cuando prepare su ensayo para enviarlo, consulte con su instructor u organización de publicaciones el formato requerido para el ensayo. Algunas formas comunes son MLA, Chicago y APA. Darle el formato correcto a su ensayo es una buena manera de mejorar su calificación. Los elementos que debe verificar para cumplir con el formato son los siguientes:

1. Fuente

2. Números de página

3. Formato de frases

4. Márgenes de la página

5. Página de título (si es necesario)

6. Espaciado (simple o doble)

7. Formato de citación

8. Los encabezados necesarios

Todo énfasis que ponga en la importancia del proceso de edición a medida que completa su ensayo es poco. Limpie su escritura de errores ortográficos, contratiempos gramaticales y errores de formato, y asegúrese de que su argumento y únicamente su argumento sean el enfoque de su ensayo.

¡Ahora, imprima o envíe por correo su ensayo y choque los cinco!

La argumentación es un arte aprendido a través de la práctica. Si bien, libros como este pueden darle un buen comienzo y evitar que cometa errores de principiante, solo participar en un debate activo hablado y escrito puede servir para mejorarlo realmente como un defensor. Si sus primeros argumentos no van bien, no se castigue. Aprenda de sus errores y vuelva a intentarlo la próxima vez. Continúe aplicándose para ser lo mejor que pueda ser, y estará debatiendo con el mejor de ellos en poco tiempo.

El gran secreto de los que discuten el mundo es la misteriosa unión entre preferencia y lógica. Muchos pensadores confiaron solo en la lógica y se encontraron sin seguidores. Aquellos que dejaron la lógica y confiaron completamente en su propio carisma se hicieron a ellos mismos y aquellos que les hicieron creer un perjuicio y son recordados con diversión y desdén. El punto medio es el argumento perfecto que las personas buscan construir.

Razone bien, razone amablemente, y usted también puede dominar el antiguo arte de argumentar un caso.

Conclusión

Gracias por llegar al final de la *Estructura de Argumentos: Secretos de los Mejores Debatientes del Mundo*. Esperemos que haya sido informativo y capaz de proporcionarle todas las herramientas que necesita para lograr sus objetivos, sean cuales sean.

Ahora que sabe cómo estructurar sus argumentos, está listo para enfrentarse a todo tipo de situaciones en las que desea presentar y defender sus creencias, desde la escuela hasta el lugar de trabajo y los foros públicos.

Muchas personas nunca aprenden a discutir de manera efectiva. Esto puede dañar su confianza y hacerles enfadar, crear conflicto y finalmente convertirles en personas irracionales. Sin embargo, usted tiene todo lo que necesita para iniciar una discusión con confianza y lógica convincente. Mantenga su cabeza en alto y recuerde que, si su argumento es fuerte y verdadero, la crítica de los enojados e ignorantes no importa.

Printed by BoD in Norderstedt, Germany